AF314654

# Réd :

19

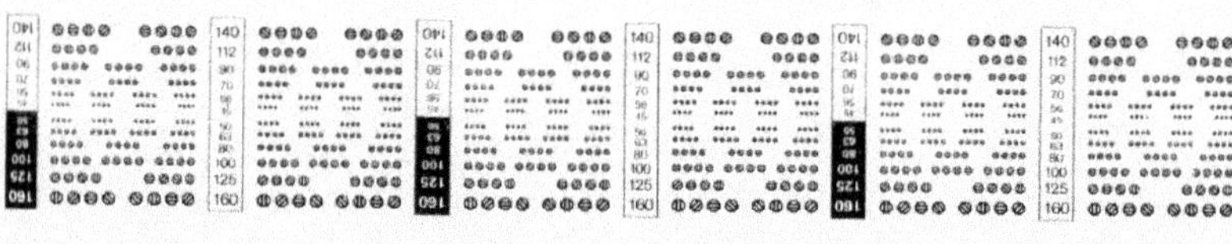

MIRE ISO N° 1
NF Z 43-007
AFNOR
Cedex 7 - 92080 PARIS-LA-DÉFENSE
graphicom
3/9 89.70
0 1 2 3 4 5 6 7 8 9 10

# ÉTUDE

# HISTORIQUE, LITTÉRAIRE ET MUSICALE

SUR

UN RECUEIL MANUSCRIT

DES

## ANCIENS NOELS

DE NOTRE-DAME DES DOMS

PAR

Gustave BAYLE, Avocat,

Membre de l'Académie de Vaucluse.



AVIGNON
AUBANEL Frères, Libraires-Éditeurs
place Saint-Pierre, 9

PARIS
H. OUDIN, Libraire-Éditeur
rue Bonaparte, 51

1884

# ÉTUDE

## HISTORIQUE, LITTÉRAIRE ET MUSICALE

SUR UN RECUEIL MANUSCRIT

DES

ANCIENS NOELS DE N.-D. DES DOMS.

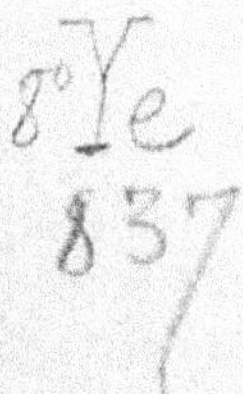

# ÉTUDE

# HISTORIQUE, LITTÉRAIRE ET MUSICALE

SUR

UN RECUEIL MANUSCRIT

DES

## ANCIENS NOËLS

DE NOTRE-DAME DES DOMS

PAR

Gustave BAYLE, Avocat,

Membre de l'Académie de Vaucluse.

<table>
<tr><td>AVIGNON<br>AUBANEL Frères, Libraires-Éditeurs<br>place Saint-Pierre, 9</td><td>PARIS<br>H. OUDIN, Libraire-Éditeur<br>rue Bonaparte, 51</td></tr>
</table>

1884

# ÉTUDE

## HISTORIQUE, LITTÉRAIRE ET MUSICALE

### SUR UN RECUEIL MANUSCRIT

#### DES

### ANCIENS NOELS DE N.-D. DES DOMS.

Cette étude a déjà été publiée dans la *Semaine religieuse* du diocèse d'Avignon, à mesure que je déchiffrais, au jour le jour, le document qui en fait l'objet. Il ne faut pas y chercher l'ordre et la méthode qu'on doit apporter dans les travaux de cette nature, quand leurs éléments sont soumis, dans leur ensemble, à un examen approfondi.

I

En 1684, un relieur avignonais voulant renforcer la couverture d'un protocole de notaire, eut l'idée heureuse de la doubler avec un cahier acheté sans doute, à vil prix, dans un lot de vieux papiers. Il y avait tout juste deux siècles que ce cahier était enfoui dans sa gaîne de parchemin, lorsque je l'ai découvert, au cours de mes recherches dans les anciennes écritures de l'étude de M. Reynaud, successeur de M. Almaric. C'est un recueil de noëls absolument inédits — j'en ai acquis la preuve après une enquête minutieuse, — presque tous notés, et ayant, pour la plupart, une valeur littéraire qui dénote le choix intelligent d'un homme de goût. Le manuscrit contient 162 noëls, savoir : — 98 écrits en français, 63 en provençal de divers dialectes, et 1 en italien.

Mon premier soin a été de m'assurer, comme je viens de le dire, que les poésies dont il s'agit n'étaient point connues de nos jours à Avignon et dans le Comtat. J'ai ensuite cherché à fixer la date probable de la composition de chacune de ces œuvres. Voici, sommairement, le résultat de mes investigations :

I — L'écriture du recueil n'est pas de la même main, mais elle est du même temps, c'est-à-dire, de la fin du XVIe siècle au commencement du XVIIe.

II — Le style et l'orthographe présentent, dans les noëls français, des différences qui correspondent à des époques assez éloignées l'une de l'autre: il est de ces cantilènes qui portent l'empreinte du siècle de Ronsard, de Marot et de Saint-Gelais ; d'autres sont évidemment plus modernes. Mais toutes, sans exception, offrent un mélange de grâce et de gravité émanant d'une pensée pieuse; la note émue, l'accent du cœur y vibrent toujours. Pour des raisons que je dirai plus tard, je suis porté à considérer ces charmants petits poëmes comme étant, pour une partie, une production indigène, et pour une autre, une importation française.

III — Le goût du terroir se fait sentir très distinctement dans les noëls provençaux; les uns sont avignonais pur sang, les autres décèlent une origine alpestre, marseillaise, aixoise ou languedocienne. Je note ici tout de suite, de peur de l'oublier, que l'orthographe de ces noëls justifie le plus souvent celle qu'ont adoptée les poètes de la Renaissance provençale, dont M. Roumanille a été le plus ardent promoteur.

IV. — On trouve dans ces noëls, français ou provençaux, des allusions historiques, des noms de lieux et de personnes qui peuvent nous aider à déterminer leur âge et leur provenance. Je dirai plus loin ce que je pense à cet égard du noël italien, à la fois si pittoresque, si gracieux, si tendre, que je citerai tout entier, en le traduisant. Ici, j'indique seulement, en attendant une revue plus complète, quelques passages, pris en quelque sorte au hasard.

*Extrait d'un noël politique.*

Pontife très saint en terre,
  Pape Clément,
Qui avez banni la guerre
  Divinement,
Chantez le lotz de vostre maistre,
De ce grand Roy du firmament,
Qui d'une Vierge daigne naistre,
Dans un estable pauvrement.

⁂

Henri de France et Navarre,
  Très chrestien Roy,
De l'infidèle et Tartare
  La peur, l'effroy,
Et vous, Princesse de Florence,
Marie, espouse au lys françois,
Priez cette divine essance
Qu'un fils vous donne après neuf mois.

Dans l'expression de ce vœu, l'auteur était l'écho du désir de la France entière dont la ville d'Avignon ne sépara jamais ni son cœur ni ses destinées. On sait que ce souhait patriotique fut exaucé, et que dans l'année qui suivit son mariage avec Marie de Médicis, Henri IV eut un fils qui fut Louis XIII. Voilà une date indiscutable : C'est en 1600 que fut composé le Noël qui nous occupe. Il est presque inutile d'ajouter que le pape Clément, qui « *avait banni la guerre* » était Clément VIII, le négociateur de la paix de Vervins, conclue le 2 mai 1598, entre Henri IV et Philippe II. Ce pontife mourut en 1605.

Passons à un noël provençal.

Des bergers auxquels un ange vient d'annoncer la *Bonne Nouvelle*, se rendent à Bethléem, après avoir parqué leurs troupeaux, qui se consoleront de leur réclusion, attendu que, dit le noël :

Quan plou, l'y son ben tengus.

Quand il pleut, ils y sont bien tenus.

L'un de ces pâtres invite les autres à se munir de provisions pour la route, de présents pour le nouveau-né, d'instruments pour lui donner l'aubade ; quant à lui, il portera son *rebec* :

> You voly faire bravado
> En jougan de mon rebec.

Moi, je veux commencer la fête, — en jouant de mon rebec.

Le *Rebec*, instrument à trois cordes très ancien, dont le nom dérive du celtique ou du bas-breton *Reber*, fut complètement abandonné à la fin du XVIe siècle, comme le luth et la mandore, et remplacé par le violon. Le nom de cet instrument revient plusieurs fois dans le manuscrit de l'étude de M. Reynaud ; on ne le rencontre jamais, si je ne me trompe, dans les noëls de Saboly.

Un autre noël provençal nous montre les diables déchaînés courant dans les vignes, les terres, les prés, et y mettant tout à sac. Mais les bergers les attrapent, et

> Ley ménèron garroutas
> En la tourre de Trouillas.

Ils les conduisirent garottés — dans la tour de Trouillas.

On ne lui contestera certes point son origine avignonaise, pas plus qu'à celui qui invite les fidèles à aller à *Notre Dame*, pour voir la Vierge-Mère et son divin fils. Aucune autre église n'est nommée dans le recueil, et on peut induire de cette circonstance que la personne qui l'avait composé était attachée au clergé métropolitain. Nous verrons bientôt cette présomption devenir une certitude.

V. — Les noms propres cités çà et là, dans une intention amicale ou satirique, appartiennent aussi à notre ville, et l'un d'eux a été pour moi une révélation aussi précieuse qu'inattendue.

Les simples prénoms désignent généralement des personnages fictifs, imaginés pour les besoins de la mise en scène. Les noms de famille visent au contraire des acteurs réels, choisis dans le cercle des relations familières de l'écrivain.

Quelques prénoms doivent être rangés dans cette dernière catégorie; je n'en citerai qu'un, plus significatif que les autres:

> Qui lou Fils de Diou voudra veire
> Fau que se lève de matin,
> Hay! que bravadou, Moussu Peyre,
> Que trouvares per lou camin!

Qui voudra voir le fils de Dieu — devra se lever matin. — Ah! quelle foule joyeuse, Monsieur Pierre, — vous rencontrerez sur la route!

Ce *Monsieur Pierre*, qui, dans l'empressement de son départ, ne trouve pas sa barrette,

> May qu'you troby mon barretin!

Pourvu que je trouve ma barrette!

me paraît être *Messire Pierre Pascal*, sacristain de l'église métropolitaine en 1602, et plus tard directeur de la maîtrise des enfants de chœur. Il était né à Barrème, dans les Basses-Alpes, et avait occupé la cure de Châteauneuf, village du canton de Moustier (1). Ce ne serait point, je crois, une hypothèse trop aventureuse, de lui attribuer l'importation à Avignon des noëls dont l'origine appartient, *idiomatiquement*, aux montagnes de la Haute-Provence. Peut-être en composa-t-il lui-même quelques-uns, en collaboration avec *Messire Paul Béliard*, de Ste-Tulle, qui lui succéda dans l'emploi de sacristain. C'est à cet officier capitulaire qu'est adressée une petite flatterie adroitement glissée dans un noël avignonais.

L'auteur convie ses amis à partir pour Bethléem, et à porter chacun une offrande à l'Enfant-Dieu:

> Anen l'y, non tarden plus,
> Tous l'y faire quauque offerte,
> Et pourten, car es tout nus,
> De drap per une cuberte,

(1) *Conclusions du Chapitre de N.-D. des Doms*, Ann. 1602 et suivantes (ARCH. DÉPART.)

> Et quauque sac de pan blan.
> Lou tout en bon conte
> Prendra nostre sécrestan,
> Per gis de mesconte.

Allons y, ne tardons pas davantage, — tous lui faire quelque offrande, — et portons lui, car il est tout nu, — du drap pour une couverture, — et quelques sacs de pain blanc. — Le tout, en bon compte, — prendra notre sacristain, — pour qu'il n'y ait pas d'erreur.

Le sacristain de N.-D. des Doms, on le voit dans les délibérations du Chapitre, remplissait souvent les fonctions de comptable.

Voici quelques noms que j'appellerais volontiers *historiques*, *si parva licebat componere magnis* :

> *Francés* touquara de l'ouboy,
> Et dei timbales *Jacqués Goy.*
> . . . . . . . . . . . . . . .
> Per you intre en talou festo
> Que sautille dins mon cor ;
> *Reverdi* lève la testo
> Per cantar au mié dou cor.
> . . . . . . . . . . . . . . .
> Ténen lou consistory,
> Sachen qui anara premier ;
> Compaire *Tournatory*
> Fasès marcha ley ménestrier,
> Que touquaren uae cançou
> A l'Enfan nouvélé,
> Et puis vous donnarès lou ton
> Per cantar lou mouté.

François jouera du haut-bois, — et des timbales Jacques Goy.... Quant à moi, j'éprouve un tel transport de joie, — que je sens tressaillir mon cœur ; — Réverdit relève la tête — pour chanter au milieu du chœur... tenons conseil, — sachons qui passera le premier ; — compère Tornatoris, — faites marcher les musiciens, — pour que nous chantions un cantique — à l'enfant nouveau-né, — et puis vous donnerez le ton — pour chanter le motet.

En Provence, comme en Italie, la musique joua toujours un grand rôle dans les cérémonies de l'Eglise catholique. On lit dans les Cartulaires des Cordeliers d'Avignon, que la veille des grandes fêtes, une troupe de ménétriers parcourait les rues pour annoncer la solennité du lendemain. C'était dans la vaste et magnifique chapelle de ces religieux que se célébraient les services des avènements et des deuils pontificaux et royaux, et toujours les exécutions harmoniques y tenaient une large place. L'un des plus remarquables fut celui des funérailles du pape Clément IX (20 janvier 1670). Le chœur de musique fut conduit ce jour-là par Nicolas Saboly, qui était alors maître de chapelle de l'église collégiale de S. Pierre (1). Je relate ce fait parce qu'il n'est pas connu. Mais les autres couvents et les paroisses d'Avignon ne négligeaient point ce moyen de rehausser l'éclat du culte rendu à Dieu ou aux Saints, et la Métropole se distingua de bonne heure (2) à cet égard par l'organisation d'un corps de musiciens et d'un collége d'enfants de chœur.

Les musiciens se divisaient en chanteurs et instrumentistes. Les uns, comme *François* et *Jacques Goy*, étaient des artistes de la ville, rémunérés en argent (3) ; les autres étaient attachés au clergé métropolitain par la collation d'un bénéfice mobile (4).

(1) Le mandat délivré par les Consuls, au nom de Saboly, est ainsi libellé :
» Thrésorier payés à M. Nicolas Saboly, prêtre, maître de chapelle de l'église pa-
» rochiale de S. Pierre de cette ville la somme de douze escus de trois livres pièce
» en patas, pour semblable somme qui lui a esté accordée, pour avoir chanté avec
» un célèbre chœur de musique à la messe pontificale de requiem qui fut célébrée
» par Monsieur le Prévost Suarès, le jour qu'on fit la pompe funèbre de N. S. P. le
» pape Clément neuviesme dans l'église du couvent des RR. PP. Cordeliers... etc. »
Suit la quittance autographe de Saboly.
(Arch. Municip. *Comptes du Trésorier pour l'année 1670.* 136ᵉ mandat.)

(2) Dès le commencement du XVIᵉ siècle.

(3) Outre les musiciens gagés au mois et à l'année, il y en avait que le Chapitre employait seulement en des occasions extraordinaires. En 1607 « il est ordonné que » les auditeurs de comptes feront mandement de six testons aux violons de cette » ville pour la peine d'avoir joué à l'église avec la musique, le jour de la visite de » la Princesse d'Orange. *(Conclusions du Chapitre)*.

» Il est encore conclu de donner un escu et demi à un jeune homme qui a chanté » un fausset avec la musique durant les festes de Pâques ». *(Ibid.)*

(4) Les *Bénéfices mobiles*, contrairement aux bénéfices perpétuels ou viagers, étaient essentiellement temporaires et révocables. Voici un exemple de ces collations:

Les Bénéficiers avaient droit à une *prébende de pain et de vin*, et à des distributions quotidiennes de divers autres objets de consommation. Il leur était accordé, en outre, des gratifications pécuniaires pour les grandes fêtes et les anniversaires, des étrennes au jour de l'an, un coq d'Inde pour Noël, un gâteau pour les Rois, et de petites aubaines casuelles, appelées « *adventures occurents* » dans les conclusions du Chapitre. Ils devaient assister aux offices, comme les chanoines, pour avoir part aux distributions. Présents et absents étaient rigoureusement pointés par le *Contrepointeur*.

Les enfants de chœur, dans le même temps, étaient au nombre de six. Ils étaient logés dans une maison attenante au cloître des chanoines, « vestus honourablement », et recevaient chacun deux écus par mois pour leur « entretènement ». L'instruction musicale leur était donnée par un maître doté d'un bénéfice mobile et de revenus éventuels (1).

Dans l'espace de 35 ans, onze titulaires occupèrent cet emploi ; voici leurs noms et les dates de leur nomination :

| | |
|---|---|
| 1607, M. Julian. | 1631, M. Annibal Gantez, de Marseille. |
| 1612, M. Blancard. | |
| 1615, M. Pierre Pascal. | 1632, M. Jean Garcin, de Tarascon, et M. Sauveur Intermet. |
| 1520, M. Alphant. | |
| 1621, M. François Périer. | 1633, M. Valérian. |
| 1622, M. De La Tour, de Namur. | 1642, M. Pierre Pascal. |

Les enfants de chœur étaient fort indisciplinés, comme on le lit dans les décrets archiépiscopaux rendus après les visites pastorales ; ils avaient vite usé la patience et l'autorité de leur directeur.

Un professeur de grammaire était aussi attaché à la maîtrise.

« Messire Honoré Gaudi, de Tarascon, jadis enfant de chœur à S. Agricol, est reçu » comme *Serpent* ; le Chapitre lui accorde une bénéficiature mobile affectée pour » une Basse-contre ». (*Ibid.* Ann. 1606).

(1) « Il est conclu de donner au maître des enfants de chœur 3 escus pour la » musique des dernières fêtes de Noël. » (*Concl. du Chap.* Ann. 1602).

Il cumulait quelquefois ces fonctions avec celles de musicien. Telle était la situation de *Messire Reverdit*, nommé maître de grammaire en 1629, à un écu par mois de gages (1).

L'organiste, dont l'office était distinct de celui de maître de chapelle, était le plus souvent incorporé dans les Bénéficiers. On en voit cependant qui sont laïques et mariés. C'est en faisant des recherches sur ces musiciens, que j'ai découvert le propriétaire du recueil de noëls si fortuitement et si heureusement retrouvé : c'est le « *compaire Tournatory*. »

J'espère pouvoir faire partager à mes lecteurs la sympathie que les renseignements que j'ai glanés de divers côtés sur cet artiste m'ont inspiré pour sa personne.

II

Le 7 septembre 1351, Guillaume Roger de Beaufort, seigneur de S. Rémy en Provence, frère du pape Grégoire XI, avait fondé trois chapellenies chorales dans l'église de N.-D. des Doms, sous les vocables 1° *de S. Martial*, 2° *de S. Léger*, 3° *de Ste Lucie*. A la fin du XVI° siècle, Jean Timoléon de Beaufort de Montboissier, marquis de Canillac, en était le juspatron. Sur sa proposition, l'un de ces bénéfices, — La chapellenie de Ste Lucie, vierge, — fut donné le 3 janvier 1598, à messire Michel Tornatoris, prêtre, originaire d'Aix en Provence (2).

---

(1) *(Concl. du Chap.)*

(2) La famille Tornatoris, que l'on croit d'origine italienne, vint de bonne heure s'établir en Provence. Les *Tables des Provençaux illustres*, de d'Hozier, citent Delphine et Jeanne Tornatoris parmi les religieuses de l'abbaye de S. Honorat, de Tarascon, à la fin du XV° siècle, (*Table 48*), et Jean Tornatoris, Seigneur de Canillac, qui habitait le bourg de Noves, en 1565 (*Table générale de la noblesse de Provence*). Un autre Jean Tornatoris, qui pourrait bien être l'aïeul du Bénéficier de N.-D. des Doms, fut nommé conseiller au Parlement d'Aix, le 6 février 1508 (*Hist. civil. d'Aix*, par Pittou). Isnard Tornatoris était Prieur du monastère de S. Paul du Mausolée, près de S. Rémy, en 1545.

L'investiture eut lieu, comme de coutume, par la mise en possession d'une stalle dans le chœur de la Métropole (1).

A cette époque, l'orgue de Notre-Dame était joué par messire Antoine Esquirol, gagé au prix accoutumé de 30 écus par an. Cette somme était payée par le Chapitre, mais « Le Seigneur Prévost et autres particuliers avaient promis faire le compliment « jusques à 50 escus en tout » (2). Ce musicien ne manquait pas de talent, et lorsque Henri IV et Marie de Médicis vinrent à Avignon, le 19 novembre de l'année 1600, LL. MM. furent accueillies, à leur entrée dans la Métropole, par « un motet »mélodieusement chanté sur l'orgue avec les voix des enfants de »chœur. » Cette exécution fut très remarquée (3).

Esquirol s'étant démis de son emploi, le Chapitre lui donna pour successeur, le 18 juillet 1602, Pons de Vella, aux gages de 2 écus de 60 sols par mois.

Le 17 décembre de cette même année, les chanoines « conclu-»rent de donner à Messire Tornatoris, bénéficier de céans, ung » escu le moys pour jouer du basson ou serpent, et ce pour une »'année. »

Les conclusions du Chapitre ne disent point par suite de quelles circonstances, le 21 octobre 1604, il fut nommé provisoi-rement organiste, du vivant de Pons de Vella. On peut cependant soupçonner que le remplacement de ce dernier fut le résultat d'une disgrâce. En effet, un mois après, presque à la veille des fêtes de Noël, le Chapitre prit la délibération suivante :

« A esté resolu que désormais on ne chantera aucun noël »dans l'esglise qu'au préalable l'er des noëls ne soit esté commu-»niqué au Chapitre. »

(1) *Concl. du Chap.*, ann. 1581 à 1602. — Colin Tache, notaire du Chap., ann. 1597 à 1601.

(2) *Concl. du Chap.*, ann. 1598.

(3) Voir le *Labyrinthe royal de l'Hercule Gaulois*, par Valladier ; le *Cérémonial français*, de Godefroy, le *Journal de Henri IV*, Tome II.

Cela permet de supposer que Pons de Vella, sacrifiant au goût assez dépravé de ses contemporains, faisait chanter à N.-D. des Doms des noëls adaptés à des mélodies profanes. Le Chapitre métropolitain, bien qu'il comptât dans ses rangs des chanoines un peu trop épris des compositions musicales alors en vogue (1), trouvait inconvenante l'association d'une hymne pieuse avec un air de sérénade ou de rocantin. Toutefois, Pons de Vella ne fut pas exilé définitivement de N.-D. des Doms ; il reprit bientôt possession de l'orgue de cette église, et ce n'est que six ans plus tard, le 27 juillet 1610, que l'on voit de nouveau reparaître, comme organiste, Messire Michel Tornatoris, « au lieu et place « de Messire de Vella » (2).

Le 7 septembre 1612, il fut confirmé dans cet office qu'il conserva jusqu'en 1633 (3).

Cela seul prouverait l'estime dont il jouissait auprès du Chapitre métropolitain ; mais voici un témoignage encore plus affirmatif.

Le Chapitre se composait de trente-huit membres, appartenant, pour la plupart, à d'anciennes et riches familles (4). Dans une corporation aussi nombreuse et mélangée, il faut en convenir, d'éléments un peu mondains, la règle disciplinaire, qui, dans l'origine, formait la base essentielle de l'association canonicale, devait inévitablement subir quelques atteintes. L'autorité archiépiscopale avait souvent à intervenir pour corriger des abus toujours renaissants. De là, des conflits, regrettables sans doute, mais bientôt apaisés, grâce à l'esprit de foi qui animait les caractères les plus indépendants de cette petite république ecclé-

(1) Je pourrais citer des noms propres, mais *maxima debetur* MORTUIS *reverentia*.

(2) *Concl. du Chap.*

(3) *Ibid.*

(4) Il y avait, le *Prévôt* compris, *20 Chanoines capitulaires, 4 Hebdomadiers, 8 Bénéficiers perpétuels, 2 Bénéficiers mobiles, 2 Diacres et 2 Sous-Diacres.*

siastique. En 1623, après une visite pastorale qui lui avait découvert de graves négligences dans l'entretien des chapelles de N.-D., Mgr Dulcis adressa à MM. les Chanoines des observations sévères, et prescrivit des mesures qui leur parurent contraires aux *priviléges* concédés à leurs prédécesseurs par les Souverains Pontifes et par les rois de France. « Un vent de Fronde » souffla un moment sur le Chapitre ; mais ce fut, comme toujours, une tempête dans un verre d'eau. Au cours du débat, les chanoines voulurent faire confirmer leurs priviléges par la Cour du Parlement de Provence, et ils députèrent à Aix Michel Tornatoris pour négocier cette affaire. Ils lui allouèrent 8 écus pour ses frais de voyage, et le chargèrent de faire présent d'une bague de 3 pistoles à M. de Dizieux, conseiller (1).

Il n'était point pourtant d'humeur révolutionnaire, ce bon Bénéficier, qui, en 1598, offrait à Mgr Bordini, Vice-Légat d'Avignon, les vers suivants, sous la forme d'une prière adressée au Dieu de la Crèche :

> May donnas, si vous pla,
> A nostre bon prela
> Bordin, autan d'annados,
> Per lou rendre counten,
> Que d'estèles au tem
> N'en son contados ;
> Et puis après la clau,
> Seigne de nostr'oustau.

Mais donnez, s'il vous plaît, — à notre bon prélat — Bordini, autant d'années, — pour le rendre heureux, — que d'étoiles au ciel sont comptées ; — et puis, donnez-lui la clé — qui est le signe de notre maison.

C'était une manière fort ingénieuse et délicate de lui souhaiter l'Archevêché d'Avignon, mais elle ne serait pas comprise aujourd'hui de tout le monde. Je me borne à dire, pour l'expliquer sans donner trop de développement à une question très

(1) *Concl. du Chap*. Ann. 1623, 16 novembre.

accessoire, que les Evêques d'Avignon avaient autrefois pour armoiries *une clé d'or sur champ de gueules* (1). Cette clé symbolisait le pouvoir seigneurial de ces prélats sur la *Domus episcopalis* (2).

Parvenu, sans doute, à un âge avancé, Michel Tornatoris dut renoncer à l'emploi d'organiste ; mais le Chapitre utilisa les loisirs séniles de ce zélé serviteur en le chargeant de transcrire les procès-verbaux de ses délibérations. L'acte de son décès, dans les registres de la paroisse Saint Pierre, le qualifie *escripvain à N.-D. des Doms* (3). Cette indication m'a été infiniment précieuse, car elle m'a conduit à comparer l'écriture d'un certain nombre de *conclusions* avec celle du Recueil de l'étude de M. Reynaud, et à reconnaître la parfaite identité de l'une avec l'autre.

Michel Tornatoris mourut le 16 août 1641, dans son domicile particulier situé dans la paroisse S. Pierre, mais il fut inhumé, le 17, dans l'église de N.-D. des Doms, aux frais du Chapitre qui dépensa 30 livres pour ses funérailles (4).

## III

Il est donc matériellement démontré que le cahier dont il s'agit a été écrit presque en entier de la main de Michel Tornatoris, et de ce fait indéniable on peut inférer que l'Organiste-Bénéficier

(1) On peut voir ce blason, dans le Musée de Villeneuve-lès-Avignon, sur un tableau attribué au Roi René. Il est au pied d'un évêque priant auprès du tombeau de la Vierge Marie.

(2) C'est de là qu'est venu le nom de l'église métropolitaine : *Ecclesia Nostra Dominæ de Domo*, comme on le lit dans les plus anciens actes des archives capitulaires.

(3) *Escripvain*, ici, veut dire *copiste*, car le Secrétaire en titre du chapitre métropolitain était toujours un chanoine.

(4) *Obituaire* de N.-D. des Doms, conservé au Bureau de l'état civil de la Mairie d'Avignon.

avait formé son recueil de noëls pour le faire chanter à **N.-D.** des Doms.

Pourquoi cessa-t-on de le chanter? Les chanoines métropolitains furent-ils un jour de l'avis de Domergue, l'auteur de *la Marche des Rois*? Estimèrent-ils qu'il n'y avait point de bons noëls *hors de ceux de Saboly*?

J'attribuerais à une autre cause l'oubli dans lequel sont tombés les anciens noëls de Notre-Dame, et voici les motifs de mon opinion.

Dans la première moitié du XVII^me siècle, il y avait à Avignon deux partis rivaux pour la manière de comprendre le rôle de la musique dans les offices divins. Fidèle aux traditions de l'Eglise Romaine, l'un de ces partis voulait qu'en s'élevant vers les cieux, sur les ailes de l'harmonie, la prière ne perdit jamais le caractère de recueillement, de gravité et de sainteté qui en est l'essence: on ne devait point, disait-il, « sous prétexte de flatter » les oreilles, chanter des paroles profanes et des airs volup- » tueux » (1). Il avait à sa tête les Vice-Légats et les Archevêques venus d'Italie et qui avaient été nourris dès l'enfance des théories musicales de l'école de Palestrina.

Mgr Philonardi se montra particulièrement rigide dans l'application des principes qu'il professait à cet égard, et dans la ferveur de son amour pour la musique classique, il n'admettait qu'avec de grandes restrictions le chant des noëls en langue vulgaire: *Carmina quæ vernaculâ linguâ in natali Domini cani consueverunt, non canantur, nisi priús ab Ill^mo Episcopo vel ejus vicario lecta et probata fuerint* (2).

Dans l'autre camp, on se préoccupait avant tout de la question d'art, et on visait trop exclusivement à produire les effets mélodiques les plus agréables à l'oreille.

(1) *Visite Pastorale* de l'année 1627.
(2) *Loco citato.*

Deux hommes, tous deux chargés, pendant un certain temps, de la direction de la maîtrise de N.-D. des Doms, eurent une action considérable dans la formation et le développement de ce parti, qu'on pourrait nommer l'*Ecole Française*. Le premier fut Annibal Gantez, originaire de Marseille, Prieur de la Madeleine en Provence ; le second, un chanoine de S. Agricol, Sauveur Intermet.

Annibal Gantez a écrit lui-même sa biographie dans un livre très-curieux qu'il dédia à Pierre de Broc, évêque d'Auxerre, et où il donne des conseils aux Maîtres de chapelle pour régler leurs mœurs et bien élever les enfants qui leur sont confiés (1). Il y peint, d'une façon saisissante, les habitudes étranges de ces professeurs, véritables nomades « faisant leur tour de France, le sac » sur le dos et la bourse vide, allant, le soir, demander l'hospita- » lité aux maîtrises et aux presbytères, en attendant de trouver » quelque part une place vacante. « On appelait cela *Vicarier*. « C'est une pauvre chose, dit Gantez, de vicarier sans argent » ! Avant son arrivée à Paris, où il obtint au concours un emploi de maître de chapelle, il avait tenu des maîtrises à Toulon, Aix, Marseille, Arles, Avignon, Aigues-Mortes, Aurillac, Montauban, Grenoble, La Châtre, Le Hâvre-de-Grâce, Auxerre. Il paraît blâmer, dans ses lettres, les aberrations de la *musique nouvelle*, mais ses œuvres musicales ne sont pas d'accord avec sa doctrine (2).

Sauveur Intermet, né en 1570, avait fait ses études théologiques au Séminaire que les Pères de la Compagnie de Jésus dirigeaient à Avignon. En 1612, il est chanoine prébendé à l'église

(1) L'*Entretien des Musiciens*... etc. Cet ouvrage, publié chez Jacques Bouquet, à Auxerre, en 1643, a été réimprimé en 1878 par Claudin, à Paris, avec une préface de M. Ernest Thoinan.

(2) On trouve de très intéressants détails biographiques sur Annibal Gantez dans la *Chapelle des Rois de France*, par Castil-Blaze, et dans une lettre de l'abbé Lebœuf, insérée dans le *Mercure de France*, Décembre 1738.

collégiale de S. Agricol. A cette époque, la maîtrise, dans cette
paroisse, était confiée à Messire Gadrot, bénéficier, mais Intermet s'occupait beaucoup de musique, et composait des morceaux
qu'il faisait chanter par les enfants de chœur, au grand déplai-
sir du maître de chapelle, un peu jaloux peut-être de la réputation naissante de son collègue (1). Cette réputation s'étendit ra-
pidement bien au delà des bornes ordinaires d'une renommée
provinciale; on connaissait dans toute la France les créations musicales du chanoine de S. Agricol, et lorsque Louis XIII vint à
Avignon, le 16 novembre 1622, il exprima tout d'abord à
M. Thomas de Berton, premier consul, le désir qu'il avait de
voir et d'entendre le célèbre maëstro, « l'un des Orphées de ce
temps. » On avait prévu ce désir, en chargeant Sauveur Intermet d'organiser un orchestre et un chœur de 120 musiciens
pour exécuter devant le roi, sur la place du Grand-Change, une
cantate en forme de sonnet. Un chroniqueur anonyme (2) a rendu
compte, d'une manière très-pittoresque, de la facture et de l'inter-
prétation de cet ouvrage. Cette relation est écrite dans une langue qu'on ne peut plus guère aujourd'hui parler sans rire, mais
qui peint, avec une fidélité photographique, le caractère des
compositions musicales alors à la mode. C'était un vrai feu d'ar-
tifice de fugues et de canons, un éblouissement de fusées chro-
matiques, une combinaison bizarre de contrastes harmoniques,
de *forte*, de *piano*, de *crescendo*, de *decrescendo*, de *fortissimo* et
de *zmorzando*. « Ici un maistre joueur de violon vous hachoit
» quatre cordes soubs ses doigts en mille voix différentes et les
» faisoit discourir parfaitement ; là, un autre faisoit haranguer
» gravement sa viole ; ceux là canonnoient les oreilles avec leurs
» serpents suivis d'une grosse armée de voix humaines qui ve-

<hr>

(1) *Concl. du Chap. de S. Agricol*, ann. 1623, fol. 3.
(2) *La voye de laict ou le Chemin des héros au palais de la gloire.*

» noient livrer un assaut général du costé qu'ils avoient fait la
» bresche.,... »

Louis XIII prit tant de plaisir en écoutant cette cantate, « il
» y demeura tellement englué, qu'il tesmoigna de parole que si
» la nuiét qui s'approchoit ne l'eut arraché de là il s'y fust ar-
» resté beaucoup davantage » (1).

Le lendemain dit le même historien, « S. M. vint au collége
» des PP. de la Compagnie de Jésus, où elle fut accueillie d'une
» belle et ingénieuse action théâtrale qu'elle agréa grandement.
» Les airs que M. Intermet avait composés ravirent tellement le
» Roy et toute sa cour, que toutes les parties furent tirées des
» mains des musiciens, et S. M. en voulut une copie et ouir
» encore le lendemain M. Intermet à la messe à S. Louis, où il
» lui commanda de se trouver. »

On devine l'effet produit sur le public par ces témoignages de
l'admiration royale : le chanoine Intermet grandit de cent cou-
dées aux yeux de ses concitoyens, et le Chapitre de S. Agricol se
couronna d'un des rayons de sa gloire. Les chanoines de la Métropole, quand Louis XIII visita leur église, firent bien chanter
un *Te Deum* sur l'orgue, et quelques autres motets, sous la direction du maître de chapelle ; mais, malgré la qualification de
*superbe* donnée à cette exécution par l'auteur de *la Voye de
laict*, on sent qu'il est complètement sous le charme de la musique d'Intermet. Le vénérable prévôt Suarez, qui avait l'heu-

(1) Louis XIII aimait passionnément la musique, il a même composé des morceaux à plusieurs parties dont les airs sont d'un style assez agréable ; mais on
peut dire que sous son règne l'art d'écrire était complètement oublié dans la musique d'église. Bournonville et Aux-Cousteaux avaient seuls conservé quelque tradition de l'école italienne. On ne chantait plus la messe de *l'homme armé*, dont
le thème était l'air de la *Chanson de Roland*, mais des messes ajustées à des airs
de chansons populaires. Le mépris des prélats ultramontains d'Avignon pour ces
parodies, rejaillit sur les *Noëls*, notamment sur ceux dont la musique était em-
pruntée aux chansonniers anciens et modernes.

reuse fortune de haranguer le souverain dont il souhaitait la naissance, vingt-deux ans auparavant, en recevant Henri IV, forma peut-être, ce jour là, le projet d'enlever l'habile compositeur à S. Agricol, pour l'attacher à Notre-Dame. On voit effectivement, quelques années plus tard, le chanoine Intermet figurer, comme directeur de la maitrise, à la Métropole (1), sans perdre pour cela sa prébende à S. Agricol (2). Le Chapitre n'eut pas lieu de se féliciter de cette acquisition, au point de vue de la discipline des enfants de chœur ; les désordres furent tels que Mgr Philonardi, à la suite de sa visite pastorale du mois de juin 1632, ordonna au Chapitre de nommer, dans le délai d'un mois, un maitre capable d'enseigner à ces enfants « la piété, la » doctrine chrétienne et la musique, » sous peine d'une amende de 100 livres au profit des Lieux-Saints (3).

Il prescrivit en même temps aux musiciens de se tenir à la place qui leur était assignée, et de se conformer, pour le chant, à l'usage consacré par le rituel ecclésiastique : *Juxta cantum Ecclesiæ solitum ad modulos ecclesiasticos concinant.*

Sauveur Intermet fut remplacé par Elzéar Valérian, Bénéficier perpétuel de Notre-Dame (4), mais il était resté assez long-temps dans cette église pour y révolutionner, au point de vue musical, une portion notable du Chapitre. J'en trouve la preuve formelle dans un cahier de romances françaises joint au recueil de Tornatoris, et qui porte la signature d'Intermet. Ces compositions sont écrites pour plusieurs parties, et en tête de chaque partie est le nom d'un chanoine.

(1) *Visites pastorales,* Ann. 1632.

(2) Les *Conclusions* du Chapitre de S. Agricol nous apprennent qu'un coadjuteur fut donné à ce chanoine, pendant son absence.

(3) *Mémorial* lu au Chapitre par Mgr Philonardi. — Décret à la suite.

(4) Le chanoine Intermet reparaît dans les *Conclusions* du Chapitre de S. Agricol, comme Maitre de musique, en 1637. Il mourut très chrétiennement, le 16 octobre 1657, à l'âge de 87 ans.

Ainsi, tandis que, d'un côté, les Archevêques d'Avignon traitaient en suspects les noëls provençaux et les soumettaient à un
sévère contrôle, d'autre part les chanoines partisans de la musique française, délaissaient de plus en plus les naïves cantilènes
qui avaient fait la joie de leurs prédécesseurs, qu'elles fussent
écrites en provençal, en français, en italien ou en latin, pour leur
substituer les nouveautés musicales écloses sous la plume trop
fertile des Gantez et des Intermet. Le recueil de Tornatoris fut
oublié peu à peu et finit par disparaître, pendant que le bon bénéficier qui l'avait composé avec tant de soin, et exécuté, sans
doute, avec tant de succès, se résignait à cet ingrat abandon, et
achevait obscurément son existence en faisant des copies pour le
Chapitre. A tant de noëls jadis si populaires, avait succédé un
noël unique , quand l'enthousiaste panégyriste de Saboly
chantait :

> Ture lure lure, à Nostro Damo
> N'ouzés jamay que fu-fu,
> Aqueu noué dégun l'amo,
> Parce qu'es fort mau counçu;
> Tous enfantoun, senso résoun,
> Saboly, Saboly,
> Aqueu noué fay coumpassioun
> N'i'a que l'er que fugue joly.

L'heure est venue de faire revivre ces précieuses reliques de
la piété de nos pères. En attendant qu'il soit possible d'éditer le
recueil complet des anciens noëls de Notre-Dame des Doms, paroles et musique, je vais publier ici quelques-unes de ces œuvres
si intéressantes.

I V

L'*Essai historique et littéraire sur les noëls*, de M. l'abbé Paul
de Terris, vicaire-général de Fréjus, œuvre savante et spirituellement écrite, signale une immense lacune dans la genèse des

poésies noëliques de la Provence et du Comtat. Après la *Canti-nella in natali Domini*, qui fut, croit-on, composée au commencement du XIV° siècle (1), on ne trouve plus rien à citer jusqu'au *Bouquet royal fleurissant*, publié à Lyon, en 1620, par C. Brunel, de la Comté d'Avignon. Se pourrait-il que le jardin des Muses provençales, pendant plus de trois siècles, n'eût produit aucune fleur pour orner la crèche de l'étable de Bethléem, alors que les bouquets de noël éclosaient en abondance sur les rives de la Maine et de la Loire ?

J'ai longtemps interrogé à ce sujet, à Avignon et dans les autres pays du département de Vaucluse, les échos de ce XVI° siècle qui vit naître un si grand mouvement intellectuel dans toute la France, mais je n'entendais que le choc des armes, les gémissements des populations en proie à la peste, et aux guerres civiles et religieuses. Un jour cependant, j'ouïs une voix bien humble, celle d'un pauvre clerc de notaire, grossoyant à l'Isle-sur-Sorgues, en 1510, qui chantait quelques vers naïfs inspirés par la naissance du Rédempteur (2). C'était bien le cadre classique d'un noël complet : invitation à la joie, — déconvenue de Satan, — exposition du mystère de l'incarnation divine, — adoration des Rois, — perfidie d'Hérode, — fuite de la Ste Famille, — allusion au sacrifice du Calvaire, — prière finale :

> Dieu le Père qui tout créat
> Nous doynt à la fin paradis.
> Noël ! Noël !

Mais ce noël est écrit en français, tel qu'on le parlait au commencement du XVI° siècle, sur les bords du Rhône. C'était aussi

---

(1) C'est l'avis de M. Damase Arbaud, qui attribue cette cantinelle à Raymond Féraud, l'auteur du *Roman de S. Honnorat de Lérins*. Les écrivains de la *Statistique des Bouches du Rhôn* ne croient pas qu'elle remonte plus haut que la 1<sup>re</sup> moitié du XV° siècle ; mais ses formes idiomatiques et grammaticales, lui assignent une origine beaucoup plus ancienne.

(2) J'ai publié ce noël dans la *Semaine religieuse*, N° du 26 Janvier 1884.

en français ou en latin que les Basochiens rimaillaient alors les chansons satiriques et les banalités sentimentales, fades ou trop épicées, qui émaillent les pages de maints protocoles. C'est que le français, pour nos ancêtres de ce temps, était le langage de la bonne compagnie, et qu'un clerc tant soit peu poète, ou un poète tant soit peu clerc, en revêtait sa Muse, comme on endosse un habit noir pour aller dans le monde. Les arguments de fait ne manquent pas pour soutenir cette thèse, et le recueil de Tornatoris en est lui-même la démonstration : les noëls français y occupent une très large place. Mais les noëls provençaux n'y font pas du tout mauvaise figure ; ils n'ont pas la gaucherie d'un hôte rustique convié à la table d'un citadin ; on voit qu'ils sont chez eux, sur le sol qui les a produits, et qu'ils sont tout à fait maîtres de la langue qu'ils parlent. Ce n'est pas eux que Domergue, ou l'auteur, quel qu'il soit, du dithyrambe en l'honneur de Saboly, pourrait qualifier dédaigneusement d'*Enfantoun sensou rèsoun* ! La plume qui les a écrits est aussi virile qu'intelligente, et il est évident qu'ils sont les fruits d'une littérature qui n'en est pas à son coup d'essai ; ils ont, avec les grâces de la jeunesse, les formes arrêtées et précises de l'âge mûr. C'est le signe caractéristique des époques de renaissance, et tout me prouve que les noëls provençaux de Tornatoris, à l'exception de quelques-uns dont les formes archaïques dénotent une origine plus reculée, ont été composés dans la seconde moitié du XVIᵉ siècle ou dans les premières années du XVIIᵉ. Ils marquent le réveil de la poésie néo-romane, après un long sommeil pendant lequel, comme la *Belle au bois dormant*, elle n'avait point vieilli.

Elle n'était, certes, ni vieillotte, ni enfantine la Muse qui inspirait le noël suivant :

> Voulès ausi la vérita
> D'un beau noël qu'ion vau canta ?
> Chascun lou dèou creire,
> Tou lou monde lou sça,
> Dègun n'en dèou pas douta.

N'es ti pas vray que Dieu es na ?
Que ley pastres l'an adora ?
   Les Evangélistes,
    Jan, Luc, Marc et Mathieu,
Tous quatre lou dison mieu.

****

L'Eglise et lou Vïey Testamen,
Et ley Prophetes d'aquèou tem,
   Disón tous ensemble
    Que Jésus l'Enfançon
Pagara nostre rançon.

****

Ley sermonaires, tous leys an,
N'en van préchan, n'en van cridan
   Que leyssen ley vices,
    La malici, ley pécha :
May d'aquo ren non sé fa.

****

Chascun ven ausi ley noés
Et ley sermons et ley mottés,
   Puis, qu'an s'en retornon ,
    Après, en leurs houstau,
N'en penson qu'à faire mau.

****

Non suffis pas de creire en Dieu,
Sathan que nous l'y crey ben mieu :
   Si non voulen faire
    Sey san comandamen,
N'avansaren jamay ren.

Fasen lou ben, laissen lou mau,
Puisqu'une fes mory nous fau ;
   Que servira donques
    D'amassa tan de ben ?
Non n'emportaren pas ren.

****

Ley bounes oubres soulamen
Nous ségran au gran jujamen ;
   Si mourian, ô paures,
    Embé pecca mortau,
Nostre cas anarié mau.

****

Avignon, leysse tey peccas,
Tey pompes et tan de tracas !
   Si de Dieu lei gracie
    Tu n'en vos accampa,
Leysse ; leysse tey pecca !

****

Jésus, per ta nativita,
Donne nous pax et charita ;
   Toutey nostrey fautes
    Si ley confessaren,
Et plus n'i retournaren.

****

Véla mon noël accaba ;
Fau faire ben et pau parla ;
   Si de bon courage
    Ay dis la vérita,
Non m'en sçachés pas mau gra.

1. Voulez-vous entendre les vérités — d'un beau noël que je vais chanter ? — chacun doit y croire, — tout le monde les connalt, — personne ne doit en douter.

2. N'est-il pas vrai que Dieu est né ? — que les bergers l'ont adoré ? — les Evangélistes, — Jean, Luc, Marc et Mathieu, — tous les quatre le disent mieux que moi.

3. L'Eglise et l'ancien Testament, — et les prophètes du même temps — disent tous ensemble, — que Jésus le petit enfant — payera notre rançon.

4. Les prédicateurs, chaque année, — s'en vont prêchant, — s'en vont criant — que nous renoncions aux vices, — à la malice et aux péchés, — mais on ne suit pas leurs conseils.

5. Tous viennent entendre les noëls, — et les sermons et les motets, — puis quand ils retournent, — ensuite, dans leur maison, — ils ne pensent qu'à mal faire.

6. Il ne suffit pas de croire en Dieu, — Satan y croit bien mieux que nous ; — si nous ne voulons pas observer — ses saints commandements — nous en serons toujours au même point.

7. Faisons le bien, fuyons le mal ; — puisqu'il nous faut mourir un jour, — à quoi nous servira-t-il — d'amasser tant de biens ? — nous n'emporterons rien.

8. Les bonnes œuvres seulement, — nous suivront au grand jugement, — si nous mourions, hélas ! — avec un péché mortel, — nos affaires iraient mal.

9. Avignon, laisse tes péchés, — ton luxe et tous tes soucis ! — si les grâces de Dieu — tu veux recueillir, — laisse, laisse tes péchés.

10. Jésus, par ta naissance, — donne-nous paix et charité ; — toutes nos fautes — nous les confesserons, — et jamais nous n'y retomberons.

11. Voilà mon noël fini ; — il faut bien agir et parler peu ; — si, courageusement, — j'ai dit la vérité, — ne m'en sachez pas mauvais gré.

Si quelqu'un trouve trop sérieux, pour une joyeuse nuitée de noël, ce charmant petit sermon, il ne manque pas de pièces, dans le cahier de l'organiste aixois, où la note gaie domine, mais n'exclut pas un sentiment de piété tendre et caressante.

V

Les populations méridionales sont naturellement religieuses, et elles aiment les représentations figurées des mystères chrétiens, non moins que l'expression lyrique et musicale des sentiments inspirés par la foi. La fête de la Nativité du Sauveur était, pour nos pieux ancêtres, une occasion exceptionnelle de manifester et de satisfaire ce penchant de leur imagination et de leur cœur. Le chant des noëls venait compléter les douces joies, les saints attendrissements et les naïves admirations qu'excitait en eux le tableau théâtral de l'étable de Bethléem, montrant à leurs regards toutes les merveilles de la *Reine des nuits* (1) : le divin nouveau-né couché tout nu sur la paille, tandis que les anges, les rois, les bergers, les animaux, représentant la création tout entière, adoraient en lui le créateur et le maître de l'univers (2).

Dans le recueil de Tornatoris, le thème poétique des noëls provençaux est presque invariablement le même ; comme ses auditeurs, bons et croyants, l'auteur est tout d'abord saisi par le sentiment de l'abaissement infini auquel le Fils de Dieu s'est volontairement condamné pour le salut du genre humain, par l'étonnement émerveillé de voir le Roi du ciel descendre à ce degré de faiblesse et de pauvreté. A la surprise succède la compassion, la reconnaissance et la résolution de se rendre digne d'une faveur aussi sublime, pour en recueillir tout le fruit. Il ne sort guère de ce cercle d'émotions et d'idées, mais la variété de la mise en scène et les ingénieuses combinaisons du rythme font oublier l'uniformité du fond. C'est assurément un mérite qui sera apprécié, quand les noëls de Notre-Dame auront été rendus au public ; en attendant, voici quelques épis détachés de cette gerbe poétique :

Venès, venès, embe you Guillomette,
  Veire nostre bon Diou,
  Nostre bon Diou
Qu'es na d'une fillete
  Senso fiou.

You li daray une longue casaque
  De bon dra de burèou,
  Digué Michèou,
Amay une bassaque
  Et mon capèou.

.*.

N'en mor de frech dins une paure
  Car n'a pas un linsou,   [grange
  Ni may un sou,
Per n'en croumpa un lange
  Que sté nou.

You li daray, diguet dame Peironne
  Mon genti pelisson
  Et de calson,
May qu'un autre li donne
  De causson.

(1) Bède.

(2) On attribue généralement au pape Jean XXII l'introduction des *Crèches* dans les églises d'Avignon ; une tradition, dont l'origine est fort ancienne, veut

Et tu, Vidau, portaras la boutille,
  Embe lou gros barrau ;
  Un calendau
Li donnara ta fille,
  Tout beau cau.

* * *

Lou gros et gras compaire l'Andrédo-
  Porte un couchon tout viou, [chi
  Et un coniou,
Per lou donnar à l'osti
  Per lou fiou.

* * *

Lou bon Guillot porte dins sey bésas-
  Aforse fromageon [ses
  Et un jambon,
Uno grosse fougasse
  A l'enfanton.

* * *

Un gros cappon à la gaye estoufeye
  Li donnara Martin,
  De bon matin,
Emb'une fricasseye
  De boudin.

* * *

Margot fara un plen pla de potage
  De sabourous lauzan ;
  Et puy gran Jean
L'y mettra de fromage
  Per l'enfau.

Or sus, Mathieu, desplegue tey tim-
  Embe lou tambourin, [bales,
  Faras tin, tin,
Et dansara Vidale
  Embé Robin.

* * *

Et Goutaru toucara sey sonailles
  Et sey beau cascaveu.
  Et Bramareu
Dansara l'antiquaille
  Em' Ysabeu.

* * *

Lou gay violon fara brusi Tonette
  De son petit arquet,
  Et Guillemet
Fai péta sa musette
  Et lou fluiet.

* * *

Et tous ensen anaren en cadansou
  Veire lou beau garçon ;
  Au beau garçon
Offriren nostrey dansou
  Et canson.

* * *

Lou prégaren de garda lou terraire,
  Embe nostre troupeau,
  Nostre troupeau.
Et que ly face faire
  Pron d'agneau.

même que l'Enfant Jésus, taillé, avec son berceau, dans une même pièce de bois, que l'on expose, chaque année, dans l'église S. Pierre, soit celui qui figura dans la première crèche dressée au XIV^me siècle, sous les voûtes de N.-D. des Doms. Les premiers noëls avignonais furent sans doute chantés devant cette crèche ; mais, par la suite, les enfants de chœur, les *Clergeons*, de la Métropole allaient en chanter sur les places publiques, dans les carrefours, devant les madones florentines posées aux angles des maisons, sous leurs dais de pierre si finement sculptés. Ces jeunes artistes, dont le zèle était surexcité par les ovations populaires, ayant multiplié outre mesure leurs promenades musicales, le Chapitre leur enjoignit de ne plus chanter qu'aux endroits qui leur seraient désignés, et pendant trois jours seulement. (*Concl. du Chap. passim*).

1. Venez, venez, avec moi, Guillaumette. — voir notre bon Dieu, — notre bon Dieu, — qui est né d'une fillette — sans (autre) enfant.

2. Il meurt de froid dans une pauvre chaumière, — car il n'a pas un linceul, — ni un sou, — pour acheter un lange — qui soit neuf.

3. Je lui donnerai une longue casaque — de bon drap de bure, — dit Michel, — et aussi une paillasse, — et mon chapeau.

4. Je lui donnerai, dit dame Peyronne, — mon gentil mantelet, — et des caleçons, — mais qu'un autre lui donne — des chaussons.

5. Et toi, Vidal, tu porteras la bouteille, — avec le gros baril ; — un gâteau de Noël — lui donnera ta fille, — sortant du four.

6. Le gros et gras compère l'Andrédoque — porte un pourceau vivant, — et un lapin — pour le donner à l'hôtelier — pour le fils.

7. Le bon Guillot porte dans sa besace — quantité de fromages frais, — un jambon — et une fouace — au petit enfant.

8. Un gros chapon à la friande étuvée — lui donnera Martin, — de bon matin, — avec une fricassée de boudin.

9. Marguérite fera un plein plat de potage — de lazagnes savoureuses, — et puis Grand Jean — y mettra du fromage — pour l'enfant.

10. Or, sus, Mathieu, sors tes timbales, — avec ton tambourin, — tu feras tin, tin, — et Vidale dansera — avec Robin.

11. Et le Joufflu fera sonner ses clochettes — et ses jolis grelots, — et Bramereau dansera l'antiquaille — avec Isabeau.

12. Tonette fera chanter son joyeux violon — sous son petit archet, — et Guillemet — fait résonner sa musette — et sa petite flûte.

13. Et tous ensemble nous irons en mesure — voir le beau garçon ; — au beau garçon — nous offrirons nos danses — et nos chansons.

14. Nous le prierons de garder nos champs, — et notre troupeau, — notre troupeau, — et qu'il lui fasse faire — beaucoup d'agneaux.

J'aurais bien des remarques à faire sur ce noël, mais je suis obligé de me borner. Je dirai seulement que la plupart des personnages mis en scène appartenaient au bas-chœur de N.-D. des Doms, ou étaient des habitants d'Avignon en rapport d'amitié ou d'affaires avec les chanoines ; ainsi *Bramereau*, qui devait danser l'*antiquaille* avec Isabeau, était un imprimeur, bien connu par les nombreux ouvrages qu'il a édités, qui fournissait au Chapitre des articles de bureau.

Les messagers célestes avaient annoncé aux pâtres de la Judée la naissance de l'Enfant-Dieu et l'excès de son dénûment. Aussi-

tôt ils se rendent dans le bourg de Bethléem, portant chacun un
présent, qui pour l'accouchée, qui pour Joseph, « lou bon Sei-
gne-Gran, » le plus grand nombre pour le nouveau-né. L'âne
et le bœuf eux-mêmes ne sont pas oubliés : ils auront une bonne
provende de paille fraîche :

> You portaray de ma ténièrou
> A l'aze de paillou un barriou

Moi, je porterai de mon grenier — Pour l'âne un baril de paille.

Ces présents sont pauvres, comme ceux qui les offrent, mais
ils sont abondants :

> L'y venon tous
> Tan cargas coume d'abeilles.

Ils y viennent tous — Aussi chargés que des abeilles.

et, le lait et les fromages à part, ils ne rappellent en rien les
produits de l'industrie sémitique ; tous les mets populaires de la
Haute et de la Basse Provence figurent dans l'énumération des
dons des députations champêtres : c'est le menu rustique du
« *Gros-Souper* » de Noël. Aussi avec quelle joie petits et grands
écoutaient ces cantiques d'où s'exhalait une bonne odeur de cui-
sine ! Le noéliste n'aurait pas négligé ce puissant moyen de succès. A l'étuvée de chapon, au jambon, à la fricassée de boudin,
au savoureux potage de lazagnes (1) dont il est parlé dans le
noël précédent, il faut ajouter les *brigadeou* des Basses-Alpes (2),
la *bourrido* marseillaise (3), un certain ragoût de béatilles qui
avait fait la réputation d'un restaurateur avignonais du nom de
*Coste* :

(1) *Lazagnes* ou *lasanges*, pâtes fabriquées avec de la pure farine de froment
et taillées en forme de ruban. Les montagnards des environs de Barcelonnette les
mangent en soupe, avec du lait ou du bouillon gras.

(2) Sorte de potage fait avec de la farine de légumes, tels que pois, fèves, etc.

(3) Ragoût de poisson bouilli. L'ail et le jaune d'œuf en sont les principaux
condiments.

> Tout arou sensou tarda plus
> L'l'anan porta cauque composte,
> Beatus garnitus de Coste.

Bientôt, sans plus de retard, — nous irons lui porter quelque compote, — le Beatus garnitus de Coste.

et tous ces plats sucrés et miellés dont les méridionaux sont si friands, et tous les vins doux des crus comtadins. Les vers suivants, d'une si alléchante mignardise, devaient faire venir l'eau à la bouche de plus d'un enfant :

> You ay de mèou dins une escudelette
> Per sa bouque doucette,
> Lou lipara, dira : Diou vous lou rende.

J'ai du miel dans une petite écuelle, — Pour sa bouche doucette ; — il le lèchera et dira : Dieu vous le rende.

Il faut voir comme toutes ces bonnes gens ont hâte d'arriver à Bethléem ; ils se poussent, ils se bousculent, ce qui amène divers incidents comiques : un berger, trop chargé, se laisse choir sur le nez ; un autre, dans sa chute, renverse le lait qu'il portait :

> You me siou tomba,
> Cridavou lou pastre,
> Ay ! lou gran désastre !
> Mon lach ay escampa.

Je suis tombé, — s'écriait le pâtre ; — Ah ! quel malheur ! — J'ai renversé mon lait.

La commère Guillaumette a placé sa cornette de travers ; on trouve qu'elle marche trop lentement :

> Vous anas trop plan
> Commaire Guilloumettou,
> Ves vostre cournettou
> Que vai en avan.

Vous allez trop doucement, — Commère Guillaumette. — Voyez votre cornette — qui va trop en avant.

Les bergers s'en vont par troupes, *en bregado*, avec leurs familles, leurs voisins et même leurs chiens :

Or, sus, Claude, mon bon fraire,
Nous y fan toutes ana.

. . . . . . . . . . . . . . . .

Fay veni ma mayre, vite,
Thomas, nostre bon vésin,
Amay compaire Dourite,
Et Marfau, nostre bon chin.

Or, sus, Claude, mon bon frère, — il faut y aller tous. . . . . . . . Fais vite venir ma mère, — Thomas, notre bon voisin, — Compère Théodorite aussi, — et Marfau, notre bon chien.

L'enfant Jésus souffre et pleure :

Sus, sus, anen, l'enfan ploure,
L'ay arou aussi crida,
Anen tous à la bonne houre,
Lou fau ana consola.

Sus, sus, allons, l'enfant pleure, — Je viens de l'entendre crier , — partons tous de bonne heure, — il faut aller le consoler.

Et pour le consoler, ils jouent devant lui des symphonies qui nous paraîtraient singulièrement cacophoniques : la flûte, le galoubet, le hautbois, la guimbarde, le tambourin, le rebec, le violon, la musette, le chalumeau, la cornemuse marient leurs sons aigus, doux, aigres, nasillards, pour fêter le nouveau-né. L'un d'eux trouve que ce n'est pas encore assez de bruit, il voudrait avoir un orgue de Provence (1) :

You voly portar
Les orgues de Provence,
Per ley remontar
Foudra bén tira l'ense.

Moi, je veux porter — les orgues de Provence, — Pour les remonter, — il faut bien tirer le cylindre.

(1) L'orgue dont il est ici question est, je crois, *l'orgue à cylindre* ou *de Barbarie*. Aucun dictionnaire provençal ne m'a donné une traduction satisfaisante du mot *ense*, mais il me paraît venir d'*ensis* qui ne signifie pas seulement *épée*, mais *poignée* et *manche*, en latin. L'*ense* qu'il faut tirer pour remonter l'orgue, c'est le cylindre armé de petites dents de cuivre qui marquent les notes de certains airs déterminés, et que met en action une manivelle. On sait, en effet, que pour changer d'air, il est nécessaire de sortir un peu le cylindre et d'en modifier la denture.

Le tumulte devient si grand que S. Joseph est forcé de se
fâcher pour obtenir un peu de silence :

> Ménavon un tan tabus,
> Quan furon près de l'estable,
> Ou en basse ou en dessus,
> Cridavon coume lou diable.
> Josep li disié : chu, chu,
> Teisa vous, canaille,
> Que réveillarès Jésus
> Que dor sus la paille.

Ils faisaient un tel tapage, — quand ils furent près de l'étable, — avec la basse
ou le dessus, — qu'ils criaient cotume le diable. — Joseph leur disait : chut, chut,
— taisez-vous , canailles ! — vous réveillerez Jésus — qui dort sur la paille.

Au milieu du bonheur universel et des visages souriants, *dey
caro de bon an*, dit un noël, apparaissent deux figures sinistres
et grimaçantes : SATAN et HÉRODE. Dans l'épopée si touchante
de la Nativité, ces deux personnages jouent le rôle de traîtres
de mélodrame : ils ne respirent que la colère, la haine, la perfidie ; mais le dénouement en fait toujours des vaincus. C'est surtout à l'égard du premier que le noéliste se montre agressif,
railleur, plein de verve caustique et de gaité au gros sel. Je ne
puis pas tout citer, mais le noël suivant, que je choisis entre
vingt autres pour ses qualités littéraires, donnera la caractéristique pour tout le reste :

> You vous porty de gran nouvelles,
> Crésy que ley trouvarès belles,
> Si my voulès ben escouta.
> Dison que nostre Diou lou paire,
> Mande son filz dins lou terraire,
> Tout aquo per sa gran bonta.
>
> ***
>
> El es nascut dins un estable
> Aquel enfant tant admirabl
> D'aquelle vierge de quiuj'an ,
> Les anges ly van faire feste,
> Les diables intron en conqueste :
> « *Qu'ès tout eysso d'aquest enfan ?* »
>
> Sathan laguet tenir chapitre :
> « *You sariou ben un gran belitre,*
> « *M'appellerion ben mor-de-fau,*
> « *Si nautrès non fasian la guerre,*
> « *Dessus la mar et dessus terre,*
> » *Per attrapar aquet enfan.*
>
> ***
>
> « *Monten dessus une escabelle,*
> » *Per veire si sa mair'es belle,*
> « *Nous sourriren d'un gran caban.* »
> Sant Joseph prenguet la candelle,
> Boutet lou floc souhs l'escabelle,
> Brulet ley pés de Barrabau.

<table>
<tr><td>

Les autres sautou la fenestre,<br>
Passeron de la man sénestre,<br>
Saut Joseph ley ténié de près ;<br>
N'accomodet son aubareste,<br>
Ly mandet tout dré sur la creste,<br>
Les attrapet dessous lou brés.

</td><td>

Ley bergiers et ley bergierottes,<br>
Et tonttes ley belley fillettes<br>
Ly vénon pourta quauque ren,<br>
Et ley trés Reis de l'Arabye<br>
Fan leur présen au Rey de vie ,<br>
Puis s'entournéron tous ensen.

</td></tr>
</table>

Nautrés lou déven recogneisse,<br>
Et ly diren que Diou lou creisse,<br>
Que lou bénisse per tous jours ;<br>
Chascun ly dèou pagar sa cense,<br>
Tant au Contat comm'en Provence,<br>
Car es nostre mesir et ségnour.

1. Je vous apporte de grandes nouvelles , — je crois que vous les trouverez belles, — si vous voulez bien m'écouter. — On dit que notre Dieu le père, — a envoyé son fils dans notre pays, — et cela par sa grande bonté.

2. Il est né dans un étable — cet enfant si admirable , — de cette Vierge de quinze ans ; — les anges vont lui faire fête. — les diables entrent en campagne : — « qu'est-ce donc ? quel est cet enfant ? »

3. Satan convoqua l'infernal Chapitre : — « *Je serais bien un grand bélitre , — on m'appellerait bien Meurt-de-faim , — Si nous ne faisions la guerre , — sur la mer et sur la terre , — pour vous emparer de cet enfant !* »

4. *Montons sur une escabelle — pour voir si sa mère est belle : — nous nous couvrirons d'un grand caban.* » — Saint Joseph prit la chandelle , — mit le feu sous l'escabelle, — et brûla les pieds du traitre.

5. Les autres (diables) sautent par la fenêtre. — ils passèrent du côté gauche ; — Saint Joseph les serrait de près ; — il arma son arbalète , — leur lança (le trait) sur la crête, — les atteignit sous le berceau.

6. Les bergers et les bergerettes, — et toutes les belles fillettes — viennent lui offrir quelque chose, — et les trois Rois de l'Arabie — font leur présent au Roi de vie, — puis s'en retournèrent tous ensemble.

7. Nous devons lui rendre hommage, — et nous lui dirons que Dieu le fasse grandir, — qu'il le bénisse à jamais. — Chacun doit lui payer son tribut, — aussi bien dans le Comtat qu'en Provence, — car il est notre maître et seigneur.

La physionomie d'Hérode est peinte de main de maitre. Ce prince cauteleux et cruel couvre de fleurs le piége qu'il tend aux Rois Mages ; mais ceux-ci ont compris sa ruse, ils ne *repasseront point par sa rue* :

<table>
<tr><td>N'y a qu'Hérodes lou marau</td><td>Car per miou jouga son tour</td></tr>
<tr><td>Que ly fasse triste mine ;</td><td>Ey Magis fay bonne chiere,</td></tr>
<tr><td>Per ly far faire lou sau</td><td>Et ley prégou qu'au retour</td></tr>
<tr><td>De per tous cousta lou mine ;</td><td>Répasson per sa carriere ;</td></tr>
<tr><td>May contre lou Diou viven</td><td>Eiley senton ben lou fum,</td></tr>
<tr><td>Soun poudé non vourra ren.</td><td>N'en veira pas la coua d'un.</td></tr>
</table>

Il n'y a qu'Hérode, le mécréant, — qui lui fasse triste mine ; — pour le faire sauter (l'Enfant-Jésus), — il le mine de tous les côtés, — mais contre le Dieu vivant — son pouvoir est impuissant.

Pour mieux leur jouer son tour, — aux Mages il fait bon accueil, — et les prie, pour qu'à leur retour, — ils repassent par sa rue ; — mais ils flairent la fumée (de sa ruse). — il ne verra pas l'ombre de l'un d'eux.

Je m'abstiens à regret de nouvelles citations : ce serait à n'en pas finir. Tout le reste est dans le même ton, tout est simple, naturel, plein de naïveté et de bonhomie, sans prétention, mais non pas sans art, et tout-à-fait *peuple*, comme les acteurs de ces petites pastorales, et la majeure partie de leurs auditeurs. L'auteur n'a point visé à faire dire de lui qu'il avait emprunté la lyre de Pindare ou de Théocrite, et le fouet d'Aristophane ; sa lyre à lui, son « petit rebec » a trois cordes : une qui dogmatise pour instruire et moraliser, une qui rit pour faire rire, l'autre qui soupire pour attendrir ; c'est en faisant vibrer tour-à-tour les deux dernières de ces cordes, que le grand maitre de la littérature noélique, Nicolas Saboly, a mis au jour le chef-d'œuvre du genre, le ravissant noël *Hors de l'oustau*. Je reconnais qu'il n'y a rien, dans les noëls provençaux du recueil de Tornatoris, qui s'élève à ce degré de perfection, mais il y a de bien belles choses dans les noëls français, et dans le noël italien que je garde pour le bouquet, on trouve comme un reflet des grâces tendres et plaintives de l'élégie antique.

## VI

Je complète l'aperçu que je viens de présenter pour donner une idée des noëls en langue vulgaire du cahier de Tornatoris, en y ajoutant quelques remarques philologiques, et en signalant certaines particularités qui sont, pour plusieurs de ces noëls, comme un cachet d'origine et un acte de naissance.

On a pu relever, dans les citations que j'ai faites, diverses variantes dans la terminaison masculine ou féminine des mêmes mots ; en voici quelques exemples, choisis dans tout le recueil :

### Terminaisons masculines.

| | | | |
|---|---|---|---|
| Burèou, bureu, bureau, | *Bureau.* | Leys, les, | *Les* |
| Calendaou, calendau, | *Pain de Noël.* | Manjar, manja, | *Manger.* |
| Cèou, cèau, ceu, | *Ciel.* | Pourtat, pourta, | *Porté.* |
| Dièu, Diou, Dieu, | *Dieu.* | Prendre, prenre, | *Prendre.* |
| Déver, dévé, | *Devoir.* | Troupeau, troupéou, | *Troupeau.* |
| Fiou, fieu, fils, | *Fils.* | Toucha, touca, toucar, | *Toucher.* |
| Fioc, fio, fuech, | *Feu.* | Toutey, toutes, touy, tous, | *Tous.* |
| Grand, gran, | *Grand.* | Vénir, véni, | *Venir.* |
| Honnour, honneur, | *Honneur.* | You, yeu, | *Moi.* |

### Terminaisons féminines.

| | | | |
|---|---|---|---|
| Brégadou, brégado, | *Troupe.* | Mages, magis, | *Mages.* |
| Crupio, crupi, | *Crèche.* | Nouvellou, nouvello, | *Nouvelle.* |
| Festou, festo, feste, | *Fête.* | Testou, testo, teste, | *Tête.* |
| Gloirou, gloiry, | *Gloire.* | Vole, voly, | *Je veux.* |
| Gracie, gracy, | *Grâce.* | Village, villagi, | *Village.* |

Ces variantes, et d'autres qui se rencontrent dans le corps des mots, ont souvent pour cause l'insouciance, ou, si l'on veut, l'ignorance du copiste, en matière d'orthographe ; il écrit les mots un peu au hasard, tantôt d'une manière et tantôt d'une autre, dans le même noël. Mais quelquefois, les différences désinentielles proviennent de la diversité des dialectes. Ainsi que le dit très-justement M. Roumanille (1), la langue romano-provençale a une grande analogie avec la langue grecque, elle présente, d'un pays à l'autre, de nombreuses divergences de prononciation, et les Provençaux, comme les Grecs, avaient l'habitude de l'écrire

_______

(1) *Dissertation sur l'orthographe provençale*, Avignon, 1853.

comme ils la parlaient, avant que les législateurs du *Félibrige* n'eussent entrepris d'en unifier l'orthographe. Il faut savoir gré à Michel Tornatoris, qui n'était pas assurément un grammairien, d'avoir conservé à certains noëls, en les transcrivant sur son cahier d'organiste, leur orthographe originelle, qui indique leur provenance locale. Les observations de détail qu'il y aurait lieu de faire à cet égard, trouveront leur place dans les notes qui suivront chaque noël dans l'édition que je prépare.

Mais à côté de ces formes orthographiques variables et, si je puis ainsi dire, indisciplinées, on voit s'affirmer une règle grammaticale que l'on pourrait appeler *nationale*, parce qu'elle semble gouverner tous les pays de la langue d'oc. Cette règle rejette en grande partie les voyelles parasites dont les écrivains provençaux du XVIIIe siècle ont surchargé leur lexique, et que l'école félibrique a judicieusement élaguées.

On voit aussi, dans plusieurs noëls, se dessiner la tendance à la suppression de l'*r* des infinitifs, de l's des pluriels, du *t* des participes, et de certaines lettres étymologiques. A ce point de vue, la découverte des noëls de N.-D. des Doms n'est pas sans utilité, puisqu'elle vient apporter des sujets d'étude à la science philologique.

La détermination de l'âge des noëls n'est pas toujours facile ; l'archaïsme des formes du langage peut être un guide trompeur, attendu que, pour les langues, comme pour l'architecture, les changements que le temps amène ne se produisent pas simultanément sur tous les points d'une même province, mais progressivement, par une infiltration lente et souvent retardée par des obstacles géographiques. J'admettrai donc seulement comme témoignages d'une irrécusable authenticité, les allusions aux faits historiques contemporains des noëls, et les noms de lieux et de personnes qui se lient à ces faits.

Ce principe posé, le plus ancien des noëls provençaux de Tornatoris paraît être celui dont voici la dernière strophe :

Pléguen genoux en terre,
Et tous, d'un bon accor,
Préguen lou qu'à la guerre
Vengue lou *Mausamor*.
   Et que la pax
Qu'aven tan désirade
Sen fin nous sté dounade
Tant au cèou qu'eicy bas.

Plions les genoux à terre, — et tous d'un bon accord, — demandons-lui (à Jésus) que dans la guerre — intervienne le *Mozab-More*, — et que la paix — que nous avons tant désirée, — enfin nous soit donnée, — tant au ciel qu'ici-bas.

Je n'hésite pas à dater ce noël de l'année 1543, pendant laquelle François Ier, en guerre avec Charles-Quint, négociait une alliance avec le sultan Soliman II. Cette ligue ayant été conclue, Soliman envoya de Constantinople, sous la conduite de Barberousse, sultan d'Alger, une flotte qui vint joindre à Toulon l'escadre française commandée par François de Bourbon, pour aller assiéger Nice. Le *Mausamor* dont parle notre noël n'est autre que ce Barberousse, Khaïr-Ed-Dyn, fils, dit-on, d'un renégat Sicilien, mais qu'en 1543, on pouvait croire issu de la tribu algérienne des *Mozabites* ou *Béni-Mzab*. Le vœu de le voir intervenir dans la guerre dont il s'agit prouve que les répugnances des Français pour l'alliance turque n'étaient pas aussi vives que le disent les historiens.

De 1543, nous sautons à l'année 1581.

Adon que l'ange dou cèou
As pastr'aguet fa la crido,
Tibau cargue un gros agnèou,
Blasi un plen pla de bourride ;
Tou-Blanc s'en vèné sublan
'mé la carmamuse,
Et Floguet ven trignolan
Embé la gratuse.

Alors donc que l'ange du ciel — eut appelé les bergers, — Thibaut prit un gros agneau, — Blaise un plein plat de bourride ; — *Tout-Blanc* arrivait en sifflant — dans sa cornemuse, — et Fluguet venait carillonnant — avec la râpe.

Comment ce couplet de noël donne-t-il la date ci-dessus indiquée ? Je vais le dire en quelques mots.

Par une délibération du mois de septembre 1581, le Chapitre de N.-D. des Doms avait reçu comme sonneur, à la Métropole, Antoine Tout-Blanc, aux gages de 10 florins par an et d'une hémine de blé par mois (1). Bien que jeune encore, ce Tout-Blanc avait la chevelure entièrement blanche, et c'est à cette anomalie qu'il devait son nom. Or il advint qu'au mois de février 1582, un général italien nommé Vincentio Vitelly, fut envoyé de Rome pour commander les troupes du Comtat. Il fut logé à l'Archevêché, et comme la sonnerie des cloches de Notre-Dame l'empêchait de dormir le matin, il fit donner des coups de bâton au pauvre sonneur, qui, de plus, tomba en disgrâce et fut remplacé dans son emploi (2). Et voilà comment il m'a été possible de fixer à la fin de 1581 la composition du noël où Tout-Blanc figure comme joueur de cornemuse ; il y a, en effet, tout lieu de supposer qu'il a été mis en scène au moment où il faisait partie du clergé inférieur de N.-D. des Doms.

On peut rapporter à la même époque les noëls où il est question du démantèlement de Besousse et de la déloyauté des Huguenots :

> Eou es nat dedin Bethléen
> Desmantélat coume Besousse.
>
> . . . . . . . . . . . . . .

Il (Jésus) est né à Bethléem, — démantelé comme Besousse.

> Or, Messieurs, per ben faire,
> Fau imita ley sage,
> Qu'an quita leur répaire,
> Per véni au ramage,

(1) Outre le service des cloches, le sonneur avait l'obligation de souffler aux orgues, de servir les messes, et de fermer le soir les portes de l'église.

(2) *Journal d'un bourgeois d'Avignon*, Mss. appartenant à M. le Marquis d'Auian. — *Annales d'Avignon*, par Laurent Drapier, Mss. de la Biblioth. publ. de cette ville. — *Conclusions* du Chapitre de N.-D. des Doms.

Per aquèou

Fils de Diou

Qu'es vengut

Et nascut

Per nous tous rachepta,

Et laissa

Murmura

L'Hugonau

Gros badau

Que n'a fé ny liouta.

Or, Messieurs, pour bien faire, — il faut imiter les sages — qui ont quitté leur demeure, — pour venir dans les bois, — pour ce fils de Dieu — qui est venu et né — pour nous racheter tous, — et laisser murmurer — le Huguenot, — gros niais, — qui n'a ni foi ni loyauté.

La ville de Besousse, qui avait été enlevée aux Religionnaires par le maréchal de Bellegarde, en 1577, fut reprise, l'année suivante, par Châtillon, un des chefs de l'armée protestante, et en partie détruite. La guerre religieuse sévissait alors dans le Comtat, et les Huguenots avaient causé de grandes pertes à l'église métropolitaine, en saccageant plusieurs prieurés relevant de la mense capitulaire, entr'autres celui d'Entraigues. Ce lamentable état de choses, qui durait depuis un demi-siècle, tenait les esprits dans une inquiétude continuelle, aigrissait les cœurs et engendrait des calamités sans nombre. De là les aspirations ardentes vers une ère de paix, que l'on rencontre si souvent dans les noëls de N.-D. des Doms; mais de là aussi l'irritation qui s'y manifeste à l'égard des Protestants. C'est à ces dispositions morales qu'il faut attribuer l'emploi si fréquent dans ces noëls de l'exclamation *sus!* *sus!* ancien cri de guerre, qui retentit également dans les psaumes de Bèze et de Marot :

Sus ! sus ! arrière, iniques !

Deslogez, tyraniques,

Bien loin, tous à fois.

De là, enfin, la joie qui éclate dans les noëls composés après la conversion d'Henri IV, la publication de l'édit de Nantes, la signature du traité de Vervins :

Aquéu beu mounde d'or
Que lusié tout en or,
Davan aquéu de ferre,
A la fin es tourna ;
L'autre s'es enana,
Que non vau l'ana querre

Arou anaren au pas
De la pieque, et en pas
Faren bouli nostr'houlo,
Et lusi nostre floe,
Com'un gros cachaloc,
Per y rousty la poule.

1. Ce beau monde de l'âge d'or, — qui brillait de l'éclat de l'or, — avant celui de fer, — enfin est revenu, — l'autre a disparu, — et certes je n'irai point le chercher.

2. Maintenant nous marcherons au pas — de la pique, — et en paix — nous ferons bouillir notre marmite, — et flamber notre feu, — comme une bûche de Noël, — pour y rôtir la poule.

Ce dernier vers serait-il une allusion au vœu de ce bon Henri *dont le peuple a gardé la mémoire* ? Il me paraît prouver, dans tous les cas, que la promesse de *la poule au pôt* répondait à un désir populaire.

Les noëls les plus modernes furent composés de 1600 à 1641, année de la mort de Michel Tornatoris. C'est là une date extrême qu'il n'est pas possible de franchir, puisque la *Table des matières* du recueil est écrite de la main de l'organiste aixois.

Les noms de *Bramereau* et de *Reverdit* assignent aussi une date certaine aux noëls où ils figurent : Bramereau était fournisseur du Chapitre en 1610, et Reverdit fut nommé maître de grammaire des enfants de chœur en 1629. Les officiers capitulaires, mis en scène dans divers autres noëls, appartiennent au même temps.

Une question non moins intéressante, mais d'une solution encore plus difficile est celle de la *paternité* des noëls de N.-D. des Doms. A quelle individualité peut-on attribuer la qualification de *Précurseur de Saboly*, que j'avais d'abord donnée pour titre à cette étude ? Est-ce à Michel Tornatoris ?

Je l'ai déjà dit, l'organiste de Notre-Dame a formé son recueil avec des noëls d'origines diverses, et il y a probablement inséré ceux que ses prédécesseurs avaient composés ou recueillis comme lui. Mais dans le nombre des noëls provençaux, il en est qui paraissent être son œuvre personnelle, d'après les corrections qu'il y a faites de sa main, et certains idiotismes des arrondissements d'Arles et d'Aix. Si l'on admet ces prémisses, il faut reconnaitre Michel Tornatoris comme auteur de tous les noëls qui, par le style, la couleur, l'allure générale, le *faire*, comme on dit en peinture, ont un air de parenté avec ceux dont la paternité lui est attribuée *a priori*. C'est par une semblable induction que l'on a proclamé Nicolas Saboly auteur du recueil de noëls qui porte son nom, bien qu'il n'existe aucun manuscrit de ses œuvres authentiqué par sa signature (1). La *possession d'état*, accordée à ces noëls, à défaut de légitimité légale, ne saurait, à mon avis, être refusée au recueil de Tornatoris. Au surplus, l'incertitude qui plane, à cet égard, sur les noëls de ce recueil, n'amoindrit en rien l'intérêt inhérent à ces ouvrages ; on aimerait à connaitre le nom des poètes qui les ont composés, parce que cette curiosité est naturelle à l'esprit humain, mais ce qu'il importe surtout d'étudier ici, ce sont les poèmes, où il ne faut pas voir seulement l'œuvre d'un homme, mais l'expression des sentiments d'une époque, une image de sa langue et de sa littérature.

C'est sous ces divers points de vue que je vais faire connaitre sommairement les noëls français de N.-D. des Doms.

(1) M. l'abbé Faury a parfaitement prouvé que le manuscrit de la Bibliothèque de Carpentras (coté N° 529) n'est pas l'œuvre de Saboly. Je n'y ai trouvé, quant à moi, qu'une seule pièce (une lettre) qui soit de son écriture. Le célèbre organiste de l'église S. Pierre n'a point d'ailleurs toujours été considéré comme l'auteur de tous les noëls imprimés sous son nom : « Parmi ces noëls, dit l'abbé Paul, dans un « article sur Louis Puech, il en est peu qui lui appartiennent ; il n'en est que l'édi- « teur ; mais il a le mérite d'avoir composé les airs ou d'y avoir adapté des airs « connus de son temps. » (*Dictionnaire de la Provence et du Comté Venaissin*, par une société de gens de lettres, Marseille. MDCCLXXXVII.)

## VII

Après avoir lu très attentivement les 98 noëls français qui nous ont été conservés, sur les 108 indiqués par la *Table des matières*, je suis confirmé dans l'opinion, émise au début de cette étude, qu'une partie de ces noëls a été composée dans nos contrées, et que les autres sont une importation française. Ces derniers ont un cachet tout particulier qui les distingue à première vue des premiers, comme l'*accent* distingue un homme du nord d'un riverain de la Méditerranée. Les uns sont français de naissance, on le reconnaît à la pureté du langage, au naturel du style, à l'aisance de l'allure, à la propriété de l'expression, à la gracieuse simplicité des images ; les autres sont seulement *habillés à la française*, et trahissent leur véritable nationalité par de fréquents provençalismes. Ce n'est pas le souffle poétique qui a manqué à leurs auteurs, c'est la science de l'instrument dont ils jouaient. De là des métaphores outrées, des inversions forcées, des impropriétés de termes, de nombreuses infractions aux règles de la prosodie.

Je n'ai pas exprimé ici cette opinion sans avoir fait au préalable une étude comparative sur des documents pris en dehors du cahier de Tornatoris. Qu'on lise dans les relations manuscrites ou imprimées des *entrées royales*, conservées à la bibliothèque publique d'Avignon, les sonnets, devises, cantates et autres pièces composées pour ces solennités, et qu'on les compare avec les vers des poètes français du même temps, on aura tout de suite le diapason respectif des lyres des deux muses, l'une *française*, l'autre *francisée*, qui ont inspiré les noëls de N.-D. des Doms, à la fin du XVI<sup>e</sup> siècle et dans la première moitié du XVII<sup>e</sup>. On peut même remonter plus haut et prendre pour termes de comparaison, d'une part, les poésies de Vasquin Philieul, le traducteur du *Canzoniere* de Pétrarque, de l'autre, celles qui sortirent en si grand nombre des presses lyonnaises, pendant le XVIe siècle. Sébastien Gryphius, Jean de Tournes, Claude Nourry, Benoît Rigaud, créèrent à Lyon, à cette époque, un mouvement littéraire qui égalait en activité et en éclat celui dont Paris était le foyer. Parmi les écrivains dont Jean de Tournes a édité les œuvres je ne nommerai que Maurice de Sève, bien connu à Avignon, pour avoir découvert dans cette ville le tombeau de Laure de Sade, en 1533. Il y exerça pendant plusieurs années la profession de jurisconsulte et fut un des fondateurs de la confrérie de S. Sébastien, qui avait pour but de moraliser les écoliers de l'université. Lorsque Vasquin Philieul etudiait le Droit, il reçut de Maurice de Sève les premieres leçons de l'art poétique, et ce fut sans doute alors qu'il forma le projet de *translater* en français les *rymes* du poète toscan. Il n'avait que 26 ans quand il publia cette traduction qu'il dédia à Catherine de Médicis,

> Royne qui n'as esgale,
> Prix et appuy de la fleur lishale.

On y voit un esprit orné, une imagination vive et féconde ; mais une connaissance imparfaite du génie et du mécanisme de la langue française place le livre de l'élève bien au dessous des œuvres de son maître.

Les éditeurs lyonnais ont publié plusieurs recueils de noëls, dont le plus remarquable est le *Chant natal contenant sept noëls, ung chant pastoral et un chant royal, avec un mystère de la nativité par personnaiges*, etc. (1). J'ai rencontré un de ces noëls dans le protocole d'un notaire avignonais (2), mais tellement défiguré qu'il en est presque méconnaissable. - Les minutes d'Antoine Filholi, notaire à l'Isle-sur-Sorgues (Ann. 1510), renferment aussi un noël que j'ai pris d'abord pour l'œuvre inédite d'un clerc de ce notaire, mais que je sais maintenant n'être qu'une

(1). Apud Seb. Gryphium. Lugduni, 1539.
(2) Ferdinand Ruffini, 1526.

copie fort infidèle d'un noël de Lucas le Moigne, curé d'une paroisse du diocèse de Poitiers (1). On voit par là que les Avignonais et les Comtadins, dans les premières années du XVI<sup>e</sup> siècle, connaissaient et chantaient les compositions des noélistes d'outre-Loire ; ils furent ainsi conduits à les imiter (2).

Il peut bien se faire que dans le cahier de Tornatoris il y ait plus d'un noël ayant servi de modèle aux poètes avignonais, et qu'on retrouverait, en cherchant bien, dans quelque vieille édition lyonnaise, parisienne, angevine ou poitevine. Les recherches nécessaires seront faites dans ce but, et alors seulement je pourrai procéder à la classification régionale et chronologique des noëls de N.-D. des Doms. Maintenant, je me bornerai à donner une idée générale de ces noëls par quelques citations.

Plus encore que les noëls provençaux, les noëls français ont un caractère grave, pieux, profondément respectueux des doctrines de l'Église chrétienne et de leurs révélateurs célestes ou humains. On n'y rencontre jamais, sous des formes plus ou moins voilées, les intentions ironiques des *noei* de La Monnoye. Quelques-uns sont un *sermon chanté*. On y fait l'exposition et l'apologie des dogmes catholiques, alors si violemment attaqués par l'hérésie protestante; on y condamne la témérité de l'esprit humain voulant scruter les mystérieuses profondeurs des révélations divines :

(1) *Chansons de noelz nouveaulx et spécialement les noelz que composa feu maistre Lucas le Moigne, en son vivant curé de Sainct-Georges-du-Puys-la-Garde au diocèse de Poitou. Imprimés à Paris l'an mil cent et vingt.*

(2) Les noëls de Lucas le Moigne ayant été imprimés à Paris en 1520, on est surpris de trouver la copie de l'une de ces compositions dans les écritures d'un notaire du Comté-Venaissin, sous la date de 1510. Peut-être le clerc qui la fit était-il originaire du Poitou, comme la famille qui porte encore aujourd'hui le nom de *Peytavin* (Poitevin), et avait-il appris dans sa province le noël que le curé de S. Georges avait composé, ou emprunté d'un autre auteur.

Postes du ciel, sus, en grande erre,
A la feste de ce saint jour,
Venez tous habiter la terre
Où le paradis fait séjour.

Estonnement plein de merveille
Qu'une Vierge un enfant ayt fait,
Qui les plus beaux esprits éveille
Et morfont et pert en effet,

Lorsqu'ils présument téméraires,
Poussés d'un vent ambitieux,
Pénétrer les divins mistères
Des sacrés cabinetz des cieux.

Ce ne sont pas secretz des hommes
Les secretz de l'éternité,
C'est folie au siècle où nous sommes
De pancer telle vanité.

Par la foi tant seulement vive
Sonder nous pouvons tels secretz,
Car c'est elle qui nous avive
Et nous éclaire de ses rais.

On y prêche le détachement des biens terrestres, la charité
envers les pauvres :

Le bien terrien est un cordage
Qui te trayne en l'aveuglement,
Et te fait perdre le courage
D'adorer Dieu parfaitement.

Si tu veux que Dieu te guerdonne,
Aux pauvres donne largement,
Et tu acquerras la couronne
De sa gloire éternellement.

L'émotion pieuse qui agite l'âme du noéliste s'exhale souvent
en des strophes toutes palpitantes d'admiration, de reconnaissance et d'amour :

Mon Dieu, quelle beauté vient paroistre à mes yeux
Quel soleil s'eslevant redore ce bas monde !
L'on ne recognoit plus les astres radieux,
Mesme celui du jour cache sa tresse blonde.

Ha ! C'est l'enfant Jésus, l'unique amour dés cieux ;
Vive, vive celui qui le servira mieux !

Son amour est celuy qui l'attire çà bas,
Son amour est celuy qui luy fait compagnie,
Son amour est celuy qui mesure ses pas,
Son amour est celoy qui nous promet la vie.

Ha ! C'est l'enfant Jésus, etc.

Sus, sus donc, que nos luths mariés à nos voix
Ne chantent désormais que son nom et sa gloire,
Et que mille fredons redisent mille fois,
Parmy les doux concerts de nos lyres d'ivoire :

Ha ! C'est l'enfant Jésus, etc.

Elle atteint parfois un degré d'intensité qui rappelle, dans un langage éminemment poétique, les élans passionnés du cœur du Roi-Prophète ou de celui de Ste Thérèse :

Un jour soupirant les malheurs
Qui nous produisent tant de pleurs,
Une âme toutte eslangouvie,
Crioit à deux dois du trépas :
Mon Dieu, venés, je vous en prie,
Mon Dieu, venés, ne tardés pas !

Un cerf alletiant, tout pantois,
Avant que rendre les abois,
Des eaux n'a pas si grande envie ;
Sans vous je m'en vais au trépas.
Mon Dieu venés, etc.

Hélas ! sans vous, ô mon Seigneur,
Je n'attends plus que le malheur
Qui doit finir ma pauvre vie,
Et me plonger dans le trépas.
Mon Dieu, venés, etc.

Venés, ô mon Dieu tout puissaut,
Venés çà bas vous faire enfaut,
Venés, ô mignon de Marie,
Venés moy tirer du trépas.
Mon Dieu, venés, etc.

**Ailleurs, elle s'exprime avec une simplicité charmante :**

Une voix divine du ciel a chanté :
*Gloire à Dieu ! Qu'aux hommes repos soit donné !*
        Douce nouvelle
        Toutte belle,
        Douce nouvelle
        Dieu est né.

Un bœuf et un asne l'ont environné.
De toille d'oraigne son lit est orné.
        Douce nouvelle, etc.

Mais quel équipage si mal ordonné
A Jésus son père avoit destiné !
        Douce nouvelle, etc.

Par sa mort amère, Satuan, obstiné
Au malheur des humains, sera privae.
        Douce nouvelle, etc.

O douce nouvelle, siècle fortuné,
Puisque Dieu recouvre l'homme abandonné !
        Douce nouvelle, etc.

Dans les noéls français, l'élément comique fait totalement défaut ; les acteurs rustiques de ces cantilènes se comportent avec beaucoup de réserve, de politesse et de décorum ; mais leur langage est généralement exempt d'afféterie ; quelques pièces seulement portent l'empreinte d'une certaine préciosité qui est un indice du temps où elles furent composées. Ce sont des églogues spirituelles que les meilleurs poètes idylliques de la Renaissance pourraient signer sans déchoir. Voici des spécimens des uns et des autres de ces noéls.

Les pasteurs de la Judée
Croyant l'ange messager,
D'une voix bien accordée
Vont par les plaines chanter :
Voilà, voilà, voilà,
La, la, la,
La bonté de ce grand prince,
Voilà, voilà, la, la,
La bonté de ce Roy là !

Sus, disent-ils, allons vite,
Allons voir ce bel enfant,
Qui d'une Vierge béniste
Naist pour notre sauvement.
Voilà, etc.

***

Ha, je vois, dit la bergère,
Je vois parestre au lointain
Le palais de ce bon père,
Prince et maistre souverain.
Voilà, etc.

***

Hélas, c'est un pauvre estable
Où est né ce grand Seigneur,
Cette bonté admirable,
Pour sauver l'homme pécheur.
Voilà, etc.

***

Entrés donc, troupe fidelle,
Dedans ce pauvre logis,
Et volons ceste pucelle
Qui nous a donné ce fils.
Voilà, etc.

Ha, je vois la Vierge-Mère
Auprès de son enfançon,
Couché par grande misère
Entre le bœuf et l'asnon.
Voilà, etc.

***

Je le vois dedans la crèche,
Tout nud, de froid tremblotant.
Couché sur la paille fresche
Sans avoir nul vestement.
Voilà, etc.

***

Il endure, ce grand Prince
Tant de peine et de travaux,
Pour nous garder de la prinse
Des ennemis infernaux.
Voilà, etc.

***

Sus donc, prosternés en terre
Ayant toutz la larme aux yeux,
Prions le fils et la mère
De nous loger dans les cieux.
Voilà, etc.

---

As tu point sceu l'advènement
De Jésus nostre maistre ?
Chascun doit bien dévotement
Tousjour le recognoistre.

En quel lieu vient-il naistre ?

Champestre.

O grande charité !
Nous devons tous estre
Remplis d'humilité.

Sus, prends ton flageolet
Jouliet,
Nouvellet,
Chantons au Roy de vie,
Allons rendre au Sauveur,
De bon cœur,
Tout honneur.

Je n'ay point d'autre envie,
Présentons-nous à deux genoux,
Luy demandant sa grace,
Et qu'en ce jour,
Par son amour,
Toutz nos pénnés efface.

———

Ceste nuyt mes brebis gardant,
J'ouïs une musette
Qui fredonnait si doucement,
Sur le din, dan
Sur le din, dan,
Sur le diri, diri, din,
Sur le diri, diri, dan,
Sur le din, dan, dan.

Qui fredonnait si doucement
La chanson nouvellette
Qui la merveille va disant,
Sur le din, dan, etc.

***

Qui la merveille va disant
De ceste pucellette
Qui vient d'enfanter maintenant,
Sur le din, dan, etc.

Qui vient d'enfanter maintenant,
Dans une maisonnette,
Des humains le plus bel enfant,
Sur le din, dan, etc.

***

Des humains le plus bel enfant,
La troupe camusette (1)
Par les champs d'aise va sautant,
Sur le din, dan, etc.

(1) Les moutons, brebis et agneaux, ainsi nommés par les poètes de la Renaissance, à cause de leur nez aplati :

Les bergiers, avec leurs musettes,
Gardant leurs brebis camusettes.
( Joachim du Bellay ).

Par les champs d'aise va sautant,  
La céleste alouette  
Vers les cieux élève son chant,  
  Sur le din, dan, etc.

Vers les cieux élève son chant,  
Pour joindre la trompette,  
Qui gloire et paix va résonnant,  
  Sur le din, dan, etc.

Qui gloire et paix va résonnant,  
Et touche la clochette  
De nostre clocher en passant,  
Pour annoncer la feste.

---

### Noël dialogué, à huit voix.

*Cloris.*

Philis, n'entend tu pas ce beau cantique  
  Si magnifique ?  
Ce sont anges chantant la blonde tresse  
  De ma Deesse.

*Philis.*

De laquelle, dis moy ?

*Cloris.*

De la mère du Roy,  
Du Roy vivant sans cesse.

*Chœur.*

O jour délicieux,  
Tu nous ouvre les cieux.

*Cloris.*

Philis, quel est le nom de cette Dame ?  
  Qu'on le réclame.

*Philis.*

Cloris, c'est le soleil de notre vye,  
  Nommé MARIE.

*Cloris.*

Mais quelle est sa beauté ?

*Philis.*

Comme une Déité.

*Cloris.*

Pour vray, j'en suis ravye.
Mais l'envie me prend de voir sa face,
Avec sa grace.
Allons luy donc porter la blanche rose
Des prés esclose.

*Philis.*

Pourrons nous voir ses yeux !

*Cloris.*

Nous ne pouvons rien mieux.

*Chœur.*

Allons, qu'on se dispose.
Conduis-nous, Tout-Puissant, Seigneur et Mastre,
Dessous ta dextre ;
Montre nous, ô Bon Dieu, cette carriere,
Par ta lumière ;
Rends nous l'air radieux,
Esclaire nous les cieux ;
Entends nostre prière.

*Cloris.*

Un grand flambeau reluit sur cette place,
Devant ma face,
Je le voys au logis de la Princesse
Qui nous y dresse (1).
Philis, préparons-nous,
Fléchissant les genoux,
Chantons en allégresse.

*Chœur.*

Rendons grâce en ce lieu à Dieu le père,
Belle bergère ;
Chantons lui gloire, honneur, avec les anges,
Aux lieux estranges ;
Célébrons sa bonté,
Qu'il soit de nous chanté
Noël à sa louange.

(1) Qui nous y conduit, *dirigit.*

Ce noël et plusieurs autres également dialogués, par deman-
des et par réponses, semblent être un essai rudimentaire des
petits drames connus plus tard sous le nom de *Pastorales*.

Il est des noëls dont le style à la fois naïf et mignard rappelle
les poésies de Clotilde de Surville et de Louise Labé. L'un d'eux,
ayant pour sujet la Circoncision, est un chef-d'œuvre de tendres-
se plaintive et caressante ; mais, comme bien d'autres, il contient des expressions qui paraissent aujourd'hui un peu trop
réalistes. La chasteté parfaite de l'intention les sanctifiait autrefois, et l'on n'avait jamais besoin de dire : *Honni soit qui
mal y pense !*

## VIII

Pour couronner les citations que j'ai faites au cours de cette
étude, je ne saurais trouver mieux que le noël italien, mal-
heureusement unique, placé à la fin du cahier de Tornatoris,
non point pour être chanté, car aucun air noté ne l'accompagne,
mais à titre de modèle, et comme le plus bel ornement du
recueil. Cette délicieuse composition a d'autant plus de prix
qu'une part très restreinte d'attention a été donnée aux poètes
ultramontains dans les travaux critiques publiés jusqu'à présent sur la littérature noélique. C'est pourtant en Italie, et au
foyer même des croyances et des traditions chrétiennes, qu'il
faut chercher le berceau de cette littérature. Le savant abbé
Lebeuf, dans son *Traité sur le chant ecclésiastique*, dit que le
noël est né dans le nord de la France, qu'il en a trouvé la preuve dans les poésies latines de Lambert, prieur de Saint-Vast,
d'Arras, et il cite les deux vers suivants tirés d'une paraphrase
de l'office de la seconde messe de Noël :

> Lumine multiplici noctis solatia præstant,
> Moreque Gallorum carmina nocte tonant.

Mais quand le prieur de Saint-Vast écrivait ces vers, c'était

en 1194) il y avait longtemps que l'on connaissait en Provence
un noël latin dialogué, que M. l'abbé Paul de Terris a découvert
dans un manuscrit du XIe siècle (1). Or ce noël a exactement
la forme des *proses* que l'on chantait à Rome, sous le pontificat
d'Adrien 1er, pour la fête de la Nativité, à la messe de l'aube (2).
Il est infiniment probable que l'usage de ces cantiques fut appor-
té en France, au VIIIe siècle, par les clercs que Charlemagne
avait envoyés à Rome, pour y apprendre le chant grégorien (3).
Il se répandit peu à peu dans tout l'empire, et plus tard, le
souvenir de cette origine s'étant effacé, diverses églises particu-
lières s'attribuèrent l'initiative d'une coutume qu'elles avaient
seulement adoptée, de même que l'on appela *Chant de Metz*, le
chant romain enseigné dans la cathédrale de cette ville par le
clerc que Charlemagne avait donné à l'évêque Drogon. C'est
ainsi que l'on en vint à considérer comme une création indigène
l'*Office des Bergers*, célébré, au moyen âge, dans les églises du
diocèse de Rouen (4). Pendant cet office, les pâtres des grasses

(1) Voir *Recherches historiques et littéraires sur l'ancienne liturgie de l'É-
glise d'Apt.*

(2) Muratori, *Antiquitates italicæ medii ævi.*

(3) On lit dans le Moine de Saint-Gall que Charlemagne voulant rétablir dans
sa pureté primitive le chant romain que le goût national des Français avait cor-
rompu, le pape Adrien lui envoya douze chantres excellents de la chapelle pontificale. Mais ces Italiens, jaloux de la gloire que les Français pourraient acquérir,
s'accordèrent pour embrouiller tellement leur doctrine, que leurs élèves n'y purent jamais rien comprendre. L'Empereur s'en plaignit au Pape qui rappela les
musiciens, les punit en leur infligeant une réclusion perpétuelle, et conseilla à
Charlemagne, pour éviter un nouveau tour de même façon, de députer à Rome deux
clercs assez adroits pour ne pas laisser soupçonner qu'ils étaient Français, et qui
apprendraient à chanter *a la romaine.* Ce conseil fut suivi, et quand les clercs
choisis par Charlemagne revinrent auprès de lui, il en garda un pour le service de
sa chapelle, et envoya l'autre à Drogon, évêque de Metz, qui le lui avait demandé.

Leidrade, Archevêque de Lyon, qui forma une école de chant dans sa cathédrale,
était sorti de la chapelle impériale.

(4) Du Cange, *Gloss. infim. lat. V° Pastorum officium.*

plaines normandes venaient adorer l'Enfant Jésus dans une *Crèche* construite derrière le maître-autel, et lui offrir leurs présents. Eh bien, une tradition constante donne à l'Italie l'invention de ces petits théâtres représentant l'étable de Bethléem, et c'est là essentiellement le produit d'une imagination méridionale. Ce qui appartient aux climats du Nord, comme aux habitudes et au génie des peuples septentrionaux, c'est l'*Arbre de Noël*, étalant, dans une salle bien close et bien chauffée, une profusion de jouets d'enfant, en guise de fruits. Mais l'idée première d'une grotte ouverte à tous les vents, de caravanes rustiques cheminant, la nuit, au mois de décembre, à travers les vallées et les montagnes, ne pouvait naître que dans un pays où l'hiver ne porte presque jamais son manteau de neige, où, dans les nuits les plus froides, les douces clartés des flambeaux célestes ne cessent point d'illuminer l'azur infini.

Il paraît donc certain que l'Italie est la patrie véritable du noël, qui ne fut, dans le principe, qu'une amplification dramatisée des hymnes de la liturgie catholique. Ce qui est douteux, c'est le moment où ce cantique, écrit d'abord en latin, fut composé en langue vulgaire. Les archéologues transalpins ont peut-être fait à cet égard des découvertes que j'ignore ; les riches bibliothèques de Rome, de Milan, de Florence, de Pavie, de Venise peuvent posséder des recueils de poésies noéliques remontant à une époque reculée ; mais à Avignon il n'existe rien de semblable, et le noël italien du cahier de Tornatoris a pour nous la saveur d'une *nouveauté archéologique*. Il marque une étape dans la marche de la littérature spéciale que j'étudie, et même dans la formation de la langue italienne. Les nombreux archaïsmes qu'on y rencontre lui assignent en effet une date assez ancienne, que les documents littéraires en la même langue dont j'ai pu avoir connaissance permettent de fixer à la fin du

XVe siècle, ou au commencement du XVIe (1). Je ne m'arrêterai pas plus longuement sur ce point, pour offrir plus tôt à mes lecteurs le régal que je leur ai promis au début de ce travail.

> Dy veder un bambinello
> Quale è Dio, pur poverello,
> Stan frà il bove et l'asinello,
> Cum Josephe et cum Maria,
> Ha ! ha ! ha ! qui non ridéria !

Sta il veschon mirando, et guarda
Quel putin, et l'occhio darda
Sur la madre, perque tarda
Di coppir lou touta via.
Ha ! etc.

.*.

Pilla alfin questa un panello
Quel portar suole per vello
Supra il capou, et etirello
Cum tien la que molle sia.
Ha ! etc.

.*.

Ly pastour circonvieini
Vedutio au quey poverini
Forastier, senza quatrini (2)
Per comprar panni à Maria.
Ha ! etc.

Cossognon porte un présente
Qui piu, po piu fa que niente ;
Alfin manqua aquella gente,
Poi que tien quel que desia.
Ha ! etc.

.*.

Un linsol, per far drapelly,
Porta l'un, l'altro d'agnelly
Pelle, qu'escaldano aquelly
Qu'al putin fau compagnia.
Ha ! etc.

.*.

L'altro una coperta toglie
Tutta vesche, et diche : ô moglie,
Que n'abbi 'altra assay mi doglie,
Per portar que meillor sia !
Ha ! etc.

(1) Avec des archaïsmes bien-caractérisés, tels que *Stan* pour *Stando*, *Josephe* pour *Giuseppe*, *rideria* pour *riderebbe*. *Veschon* pour *Vecchio*, *et* pour *e*, *sur* pour *sopra*, *lou* pour *lo*, *pastour* pour *pastori*, *Capou* pour *capo*, *ha !* pour *oh !*, *cossognon* pour *ognuno*, *frasquin* pour *fiaschetto*, *mangeare* pour *mangiare*, *fromagio* pour *formagio*, *Linsol* pour *lenzuolo*, *aquella* pour *quella*, *diche* pour *dice*, *boucharia* pour *beccharia*, *maladia* pour *malattia*, etc., il y a des mots qui diffèrent seulement de l'italien moderne en ce qu'ils sont écrits comme on les prononce ; ainsi *Qui, perque, toula via, manqua, pilla, chercare, fanchiul, meillor, bourlare,* s'écrivent aujourd'hui : *chi, perchè, tuttavia, manca, piglia, cercare, fanciul, meglior, burlare,* mais la prononciation n'a pas changé avec l'orthographe. Quant aux mots *dy, ly, quey, drapelly, agnelly,* où l'*y* tient la place de l'*i*, ils trouvent leurs équivalents dans la plupart des dialectes néo-romans, au moment de leur formation.

(2) Monnaie qui vaut le quart d'un sou.

Vanno tutti, en gran festa,
Far sui doni : un la minestra
Cotta porta, il fraschin testa
L'altro, pien de Malvesia,
Ha ! etc.

* * *

Ly altri portan da mangeare !
Qui va pan, qui, per grattare,
Del fromagio va chercare ;
L'altro va à la boucharia.
Ha ! etc.

Ben fate, senza bourlare,
Qu'encor you vado adorare
Quel fanchiul, poi qu'à sanare
Venutto mia maladia.
Ha ! etc.

* * *

Riddiam tutti, stiamo in joya !
Piu n'avrem traval ne noya,
Venut 'il fonte dy joya,
Dio, del ciel verso Maria.
Ha ! etc.

1. En voyant un petit enfant, bien pauvre quoiqu'il soit Dieu, couché entre un bœuf et un ânon, avec Joseph et Marie, Ah ! Ah ! Ah ! qui ne se réjouirait !

2. Le vieillard contemple et admire le nouveau-né, et regarde anxieusement la mère, parce qu'elle tarde de le vêtir complètement. Ah ! etc.

3. Elle prend enfin un morceau de drap qu'elle a coutume de porter pour voile sur la tête, et elle le repasse avec du foin pour le rendre souple.

4. Les bergers des alentours ont vu ces pauvres étrangers sans un liard, pour acheter des langes à Marie. Ah ! etc.

5. Chacun d'eux porte un présent, peu de chose, un peu plus que rien. Enfin ces gens s'éloignent, quand ils ont pris ce qu'ils voulaient.

6. L'un porte un linceul pour faire des langes, l'autre des peaux d'agneau que font chauffer ceux qui gardent l'enfant. Ah ! etc.

7. L'autre présente une couverture tout usée, et dit : ô femme, que je suis peiné de n'avoir pu t'en apporter une meilleure ! Ah ! etc.

8. Ils viennent tous en grande fête offrir leurs présents : l'un porte une soupe toute cuite, l'autre un flacon de terre cuite, plein de Malvoisie. Ah ! etc.

9. Les autres portent des vivres : qui va chercher du pain, qui du fromage pour râper ; qui va à la boucherie. Ah ! etc.

10. Croyez-bien, sans plaisanter, que je vais adorer cet enfant, puisqu'il est venu pour guérir mes maux. Ah ! etc.

11. Réjouissons-nous tous , soyons heureux ! nous n'aurons plus ni chagrin ni ennui, car la source du bonheur, Dieu, est venu du ciel près de Marie. Ah ! etc.

N'est-ce pas que c'est ravissant de naïveté, de grâce, de fraîcheur, de vérité, de couleur locale ? Ces vers charmants n'ont pu sortir que d'un cœur plein de foi et d'une plume essentiellement italienne, j'en atteste le fromage râpé et le Malvoisie (1).

(1) La Morée (ancien *Péloponèse*), qui produit le vin de Malvoisie, dans le territoire de Nauplie (*Napoli di Malvasia*), appartint longtemps aux Vénitiens. Elle leur fut enlevée par Soliman II, en 1540.

## IX

Si la découverte des noëls de **N.-D.** des Doms a de l'importance au point de vue de la littérature populaire et de la philologie, elle n'en a pas moins pour l'histoire de l'art musical. N'y a-t-il pas, en effet, une étude bien intéressante à faire sur un recueil de plus de 150 airs dont le premier attrait est l'*Inconnu* ? D'où viennent ces mélodies qui ont dormi si longtemps dans les pages jaunies du recueil de Tornatoris, et qui, en se réveillant, charment nos oreilles, émeuvent notre cœur, étonnent notre esprit, par des modulations étrangères à nos habitudes musicales ?

Pour répondre à cette question, il me parait nécessaire de rappeler en peu de mots l'évolution historique du chant populaire et de la musique religieuse.

On sait que chez les Grecs et les Romains, nos pères en civilisation, la musique et la poésie, ces deux sœurs jumelles, tenaient une large place dans les hommages publics rendus à la Divinité ; il en fut ainsi chez la plupart des autres peuples de l'antiquité. Dans l'écroulement de la société romaine, qui avait absorbé, en se les assimilant, toutes les conquêtes antérieures de l'esprit humain, le Christianisme recueillit les épaves qui surnageaient dans l'immense inondation de la barbarie. Les papes, les évêques et les moines remplirent alors la mission de sauveteurs. Ils n'oublièrent pas la musique dont l'action est si puissante sur l'âme des hommes, et qui répand tant de charme sur les cérémonies sacrées. S. Ambroise conserva les modes principaux de la musique des Grecs, et S. Grégoire appliqua au rituel ecclésiastique les meilleurs des *nomes* païens. Il est vrai que ce pape en modifia le rythme pour leur imprimer le caractère d'une tonalité homogène ; mais les airs primitifs restèrent gravés dans le livre vivant de la tradition populaire, et donnèrent naissance à ces naïves mélopées, à ces *nénies* si doucement mélancoliques, d'où procèdent les plus anciennes de nos chansons en langue vulgaire. Beaucoup de ces mélodies, tendres, plaintives, monotones, que les bonnes vieilles femmes fredonnent en filant leur quenouille ou en tournant leur rouet, que les pâtres modulent sur leurs musettes, et qui ont bercé notre enfance, ont résonné longtemps sur les lèvres des jeunes Grecques, dans les fêtes des *Panathénées* et des *Eleusinies*.

Tout autres étaient les airs qu'Arius adapta aux hymnes qu'il avait composées pour les églises de sa secte : par leur allure légère, sautillante, parfois voluptueuse et passionnée, ils rappelaient ceux dont les Grecs se servaient pour la danse et dans les festins.

Aux chants nomiques, d'origine orientale, vinrent se joindre les *bardits* nationaux des peuples du Nord, dont la domination s'étendit sur tout l'Occident. C'est au mélange progressif de ces divers chants qu'il faut rapporter la naissance de la mélodie moderne.

Cette alliance eut des phases très accidentées, dans le cours desquelles se manifeste constamment la tendance de l'élément mondain à prévaloir sur l'élément religieux ; il y a lutte entre les musiciens demeurés fidèles à la tradition grégorienne, et les dilettanti de la *Diaphonie* et du *Contre-point*. Cet antagonisme, qui produisit de graves abus, amena quelquefois des compromis auxquels on doit des œuvres très gracieuses ; tels sont ces *Laudi spirituali* dont parle Boccace, que l'on chantait, au XIVᵉ siècle, dans les églises de Florence, et, bien auparavant, les *Chants de la Ste-Chapelle*, contemporains de S. Louis.

Le XVᵉ siècle, qui est généralement regardé comme un des moins féconds au point de vue musical, voit s'établir une longue trève entre les deux modalités rivales. Elle est attestée par le *Commentaire* que Prodocismo, de Padoue, publia, en 1450, sur les ouvrages de Jean de Muris, docteur de Sorbonne (1), et par le Traité que Franchino Gaffario, de Lodi, maître de chapelle à Milan, écrivit, 40 ans plus tard, sur la *Pratique musicale*. Les chants ecclésiastiques et les airs de chansons qui y sont notés diffèrent fort peu les uns des autres; seulement, le même thème musical est traité, d'un genre à l'autre, en renversements.

Au commencement du XVIe siècle, un grand mouvement s'opère dans le monde musical; les Ecoles se nationalisent : à l'Italie appartient le sceptre de la mélodie ; aux Allemands, aux Français, aux Belges, celui de l'harmonie. Ce mouvement a surtout pour centres les maîtrises des chapelles royales ou épiscopales. Aussi, les compositions de cette époque conservent-elles, en général, le caractère mélodique des anciens modes grégoriens. Mais peu à peu le gout des broderies et des fioritures s'introduit dans la musique d'église, les compositeurs font assaut de fugues, de canons et de bizarreries madrigalesques, et ce déréglement est poussé si loin par l'Ecole italienne, que, sans l'intervention de Palestrina, le pape Marcel II, vers le milieu du siècle, aurait banni complétement la musique du service divin.

Aloisio Palestrina avait sauvé l'art musical en Italie, en inaugurant un style simple, élégant et pur dans la musique appliquée aux cérémonies religieuses. Mais la réforme dont il fut l'initiateur ne fut point générale. Le *Vaudeville*, qui avait tant de charmes pour l'esprit léger des Français, devint un moyen d'attirer les fidèles à l'église. Les Oratoriens l'employèrent avec un très grand succès à Paris, et en reçurent le nom de *Pères au beau chant*.

Ce ne fut point sans combat que les prélats italiens qui occupèrent à Avignon le siège archiépiscopal, ou qui gouvernèrent cette ville sous le nom de *Vice-Légats*, du milieu du XVIe siècle

(1) Jean de Muris écrivit plusieurs traités sur la musique, ce qui le fit regarder, mais à tort, comme l'inventeur de la musique mesurée. Il était contemporain de Philippe de Vitry, autre musicien célèbre, ami de Pétrarque.

au milieu du XVIIe, purent arrêter l'invasion de cette musique
sacrée si singulière ; les procès-verbaux des visites pastorales, les
décrets de la Vice-Légation l'attestent suffisamment. Ils avaient
affaire à forte partie : la plupart des maîtres de chapelle gagés
par les Chapitres des églises collégiales étaient gagnés à l'enne-
mi. Quelques-uns, tels que Antoine Subjet et Mathias Granier,
ayant été attachés à la chapelle royale, le premier par François Ier, le second par Charles IX, soutenaient de leur crédit leurs
confrères avignonais, qui partageaient leurs opinions musicales ;
d'autres, comme Gautez et Intermet, se prévalaient de la faveur
de Louis XIII. Ils triomphèrent pourtant de toutes les résistances,
et le recueil des noëls de N.-D. des Doms est comme un trophée
de leur victoire.

Les airs de ces cantiques appartiennent presque tous à une
époque de transition, ou pour mieux dire, à un style de transac-
tion entre les modes antiques du chant grégorien, et la mélodie
moderne de la bonne école, et on reconnaît qu'ils sont plus ou
moins anciens, selon qu'ils se rapprochent plus ou moins de l'une
ou de l'autre de ces modalités.

Neuf noëls seulement sont plaqués sur des airs de chansons (1),
et le rythme de ces airs est dans un mouvement si grave, quoi-
que doux et agréable, il est empreint d'un sentiment si naïf,
qu'il s'adapte aux paroles des cantiques comme s'il avait été fait
pour elles.

Les autres noëls paraissent avoir été mis en musique, après
leur composition, sur des motifs créés *ad hoc*, ou empruntés à
des mélodies anciennes,

(1) Voici les titres de ces chansons : — *1° Fasse mon père les vignes.* —
*2° Lou passeron.* — *3° Que dit-on au village ?* — *4° C'est à vous, divine
Uranye.* — *5° S'il y avait autant de Lubins* (par Bastian Oudriot). — *6° Dis-
nous, volage amour.* — *7° Le chant de Babin.* — *8° Nous étions troys jeunes
filles,* — *Toutes troys à marier.* — *9° Mon père m'a mariée,* — *Toute noyre
que je suis.*

La *notation* de ces airs est celle qui fut mise en usage après le XVᵉ siècle. La *portée* est de cinq lignes. Les *clefs* employées sont celles d'*ut*, de *fa*, et de *sol*. La clef d'ut est posée sur la 1ʳᵉ ligne, pour *soprano*, sur la 4ᵐᵉ ligne, pour *haute-contre* ou *ténor*. La clef de fa est posée sur la 3ᵐᵉ ligne, pour *concordant* ou *baryton*, sur la 4ᵐᵉ ligne, pour *basse-contre*. La clef de sol est toujours sur la 2ᵐᵉ ligne.

La *mesure*, qui est à deux, à trois, et à quatre *temps*, est indiquée, au commencement de la portée, par un C barré, pour deux temps ; par un 3, pour trois temps ; par un C, pour quatre temps. Mais les *mesures* ne sont pas marquées par des *barres* verticales. La barre n'est employée que pour séparer les vers les uns des autres. Une remarque importante à faire, c'est que le *si*, septième et dernière note de la gamme naturelle, est figuré graphiquement sur la ligne qu'il doit occuper, d'après la clef, soit au ton naturel, soit bémolisé, sans aucune indication de *muance*. Ainsi se trouve confirmée l'opinion de Zacconi, qui attribue l'invention de cette note à un Flamand nommé *Anselme*, pendant le XVᵉ siècle, contrairement à l'assertion des historiens qui en font honneur à Lemaire, et la datent de 1666.

Il n'est pas de ma compétence d'étendre plus loin cette analyse, et de disséquer les airs des noëls pour en décrire l'anatomie harmonique, comme pourrait le faire un Contrepointiste. Ce que j'ai cherché surtout et ce qui me charme dans ces mélodies, qui sont, pour l'oreille, ce que les fleurs sont pour l'odorat, c'est le sentiment qu'elles exhalent, comme un parfum spirituel, et qui est composé de grâce naïve, d'émotion pieuse et d'innocente gaîté.

Gustave BAYLE.

Avignon. — Aubanel fr., Imp. de Sa Sainteté et de Mgr l'Archevêque.

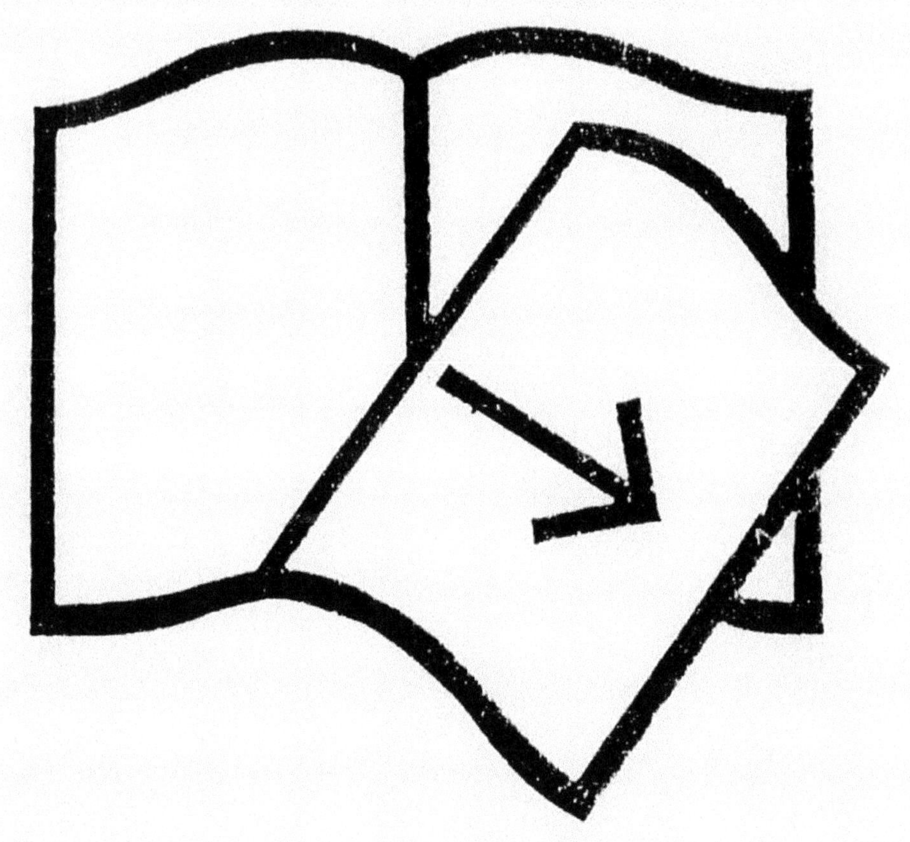

Documents manquants (pages, cahiers...)

**NF Z 43-120-13**

www.ingramcontent.com/pod-product-compliance
Ingram Content Group UK Ltd.
Pitfield, Milton Keynes, MK11 3LW, UK
UKHW022116170726
13837UKWH00003B/1222